Ann-Kathrin Lemke

DAS *vegane* BACKBUCH

70 BELIEBTE KLASSIKER:
Kuchen, Torten und Gebäck

riva

Bibliografische Information der Deutschen Nationalbibliothek
Die Deutsche Nationalbibliothek verzeichnet diese Publikation in der Deutschen Nationalbibliografie. Detaillierte bibliografische Daten sind im Internet über http://d-nb.de abrufbar.

Für Fragen und Anregungen
info@m-vg .de

Wichtiger Hinweis
Ausschließlich zum Zweck der besseren Lesbarkeit wurde auf eine genderspezifische Schreibweise sowie eine Mehrfachbezeichnung verzichtet. Alle personenbezogenen Bezeichnungen sind somit geschlechtsneutral zu verstehen.

Originalausgabe
2. Auflage 2024

Türkenstraße 89
80799 München
Tel.: 089 651285-0

Redaktion: Caroline Kazianka
Umschlaggestaltung: Isabella Dorsch
Umschlagabbildungen: Stephanie Just
Abbildungen Innenteil: Ann-Kathrin Lemke; S. 10, 17, 53, 57, 129: Stephanie Just
Satz: inpunkt[w]o, Haiger (www.inpunktwo.de)
Druck: Florjancic Tisk d.o.o., Slowenien
Printed in the EU

ISBN Print 978-3-7423-2239-5
ISBN E-Book (PDF) 978-3-7453-2019-0
ISBN E-Book (EPUB, Mobi) 978-3-7453-2020-6

Inhalt

53 Blechkuchen

87 Rührkuchen/ Einfache Kuchen

Vorwort

Während ich hier sitze und diese Zeilen schreibe, liegt mein Kater auf meinem Schoß, ich esse Schokolade und im Hintergrund läuft *Harry Potter*. Kaum eine Momentaufnahme könnte mich besser beschreiben als diese.

Ich bin leicht zu faszinieren, sehr schnell von Dingen begeistert und freue mich über unglaublich viele Kleinigkeiten im Alltag. Wenn ich etwas so richtig toll finde, dann gehe ich meinen Mitmenschen damit auch gerne mal auf die Nerven. Gerade schaue ich besonders gerne Videos von Babyenten – ich freue mich darüber und lasse meine Mitmenschen natürlich sehr ausgiebig daran teilhaben.

Es gibt aber kaum etwas, das mich so begeistert wie gutes Essen. Ein Stück Kuchen, etwas Schokolade oder knusprige Pommes können mich richtig glücklich machen.

Die Liebe zum Essen habe ich seit ich denken kann. Schon als kleines Kind hat es mich fasziniert wie die Erwachsenen Essen zubereiten. Mein Onkel konnte die besten Suppen mit Klößen machen, meine Patentante zauberte aus allen Zutaten die leckersten Gerichte, und mein Papa nahm sich für das Frühstück jeden Tag eine Stunde Zeit. Was mich aber am meisten beeindruckt hat, war das Backen meiner Mama. Jeder Handgriff saß perfekt, und die Mengenangaben für die Zutaten hatte sie immer im Kopf.

Und so gab es einmal die Woche einen Marmorkuchen, von dem ich am liebsten heimlich die Schokolade genascht habe, und zu jedem Geburtstag ihre Donauwelle, bei der ich bis heute nicht verstehe, wieso die Leute die Kirschen im Teig so gerne mögen.

Lange Zeit in meinem Leben wusste ich nicht so recht, was ich eigentlich werden wollte, und konnte mir nicht vorstellen, dass es etwas geben würde, was mich mein ganzes Leben lang zufrieden machen würde. Dann kam ein Sonntag. Ich sah morgens, dass es bei uns in der Stadt am Nachmittag einen Cupcakewettbewerb gab, und ich hatte zufällig einen Tag vorher welche gemacht – zwölf musste man abgeben, zehn hatte ich noch. Also backte ich schnell zwei Stück und nahm an dem Wettbewerb teil. Prompt belegte ich den ersten Platz und beschloss daraufhin, Konditorin zu werden. Nach der Ausbildung begann ich ein Studium damit ich in der Lebensmittelentwicklung von Süßwaren arbeiten konnte.

Während des Studiums, am Geburtstag meiner kleinen Schwester, fing ich dann an, meine Rezepte und Torten auf Instagram zu teilen.

Zwei Jahre später schreibe ich nun dieses Buch und könnte nicht glücklicher sein.

Tipps rund ums vegane Backen

DER WICHTIGSTE TIPP

Beim veganen Backen muss man sich ein wenig von den bisherigen Backgewohnheiten verabschieden. Veganes Backen kann ganz einfach sein, wenn man einige wichtige Basics beachtet und nicht versucht, so zu backen, wie man es mit Eiern macht. Ich rate dir, am Anfang genau nach vorhandenen veganen Rezepten vorzugehen, um dich ein wenig heranzutasten. Mit etwas mehr Erfahrung wird es dir dann leichter fallen, deine eigenen Rezepte zu »veganisieren«, Fehler zu vermeiden und einfach mal ein wenig zu experimentieren.

WISSENSWERTES FÜR EIN GUTES GELINGEN

NICHT SO VIEL RÜHREN

Versuch, die Teige so kurz wie möglich zu rühren. Nimm dafür am besten einen Schneebesen, einen Kochlöffel oder einen Teigschaber. Kleine Klümpchen im Teig sind beim veganen Backen kein Problem. Die einzige Ausnahme ist der Hefeteig, denn der muss ordentlich geknetet werden.

DIREKT IN DEN BACKOFEN

Wenn der Teig in der Backform ist, sollte er nicht mehr lange stehen, sondern gleich in den Backofen wandern

DEN RICHTIGEN MILCHERSATZ FINDEN

Bei vielen Pflanzendrinks werden Kuchen nach dem Backen zu feucht und gehen vielleicht nicht gut auf. Teste dich da ein wenig durch und probiere verschiedene Pflanzendrinks aus. Ich nehme am liebsten Mandeldrink, aber es gibt auch Hafer- oder Sojadrinkalternativen, die sich perfekt eignen und zu tollen Ergebnissen führen.

DEN KUCHEN VOLLSTÄNDIG ABKÜHLEN LASSEN

Damit der Kuchen nicht bricht oder zu sehr krümelt, solltest du ihn immer vollständig abkühlen lassen und erst dann aus der Form holen.

DARAUF SOLLTEST DU ACHTEN

VEGANE SAHNE AUFSCHLAGEN

Die vegane Sahne sollte vor dem Aufschlagen am besten gekühlt werden. Auch die zum Aufschlagen verwendeten Utensilien sollten kalt sein. Schlage die vegane Sahne zunächst auf niedriger Stufe und wechsle dann zu einer hohen Stufe. Wenn du ein Handrührgerät benutzt, solltest du es während des Aufschlagens kreisförmig bewegen.

VEGANEN PUDDING KOCHEN

Um einen guten veganen Pudding hinzubekommen, ist es wichtig, den richtigen Pflanzendrink zu wählen. In vielen im Handel erhältlichen Haferdrinksorten ist ein Enzym enthalten, das die Stärke im Pudding zersetzen kann. Das hat zur Folge, dass der Pudding nicht fest wird. Haferdrink ist für diese Anwendung also nicht zu empfehlen.

DIE PRODUKTE RICHTIG AUSTAUSCHEN

Die meisten Rezepte sind nach demselben Prinzip aufgebaut, und jede Zutat erfüllt eine oder mehrere bestimmte Aufgaben im Gebäck und lässt sich nicht 1 : 1 durch eine andere Zutat ersetzen. Deswegen gibt es zum Beispiel bei Eiern verschiedene Ersatzmöglichkeiten. Es ist wichtig zu wissen, welche Zutat welche Aufgabe erfüllt, um dann entsprechend vorzugehen.

ZUCKER BEIM BACKEN

Wer es nicht so gerne süß mag oder aus anderen Gründen den Zuckeranteil im Gebäck verringern möchte, sollte beachten, dass Zucker nicht nur süßt, sondern auch wichtig für das Volumen des Kuchens ist. Reduziert man also die Zuckermenge, vermindert man ebenso das Volumen des Teiges. Außerdem sorgt Zucker wie auch Mehl für die Struktur, die beim Backen im Teig entsteht. Eine geringfügige Zuckerreduzierung ist in den meisten Fällen kein Problem, nur das komplette Weglassen oder falsche Ersetzen sollte vermieden werden.

Bei Hefeteig sollte die Zuckermenge nicht verändert werden, da Zucker der Nährstoff für die Hefe ist, damit der Hefeteig gären kann. Lässt man den Zucker hier also weg oder reduziert ihn, kann der Kuchenteig nicht richtig aufgehen. Gerade bei sehr fetthaltigem Hefegebäck ist ein hoher Zuckeranteil wichtig.

GLUTENFREI BACKEN

Beim Verwenden von glutenfreiem Mehl anstelle von glutenhaltigem Mehl muss man bedenken, dass beide Mehle verschiedene Backeigenschaften haben. Glutenfreie Mehle haben weniger Bindefähigkeit, und der Kuchen kann so trockener und bröseliger werden als mit glutenhaltigem Mehl. Es ist daher eher davon abzuraten, allzu experimentierfreudig zu sein und Rezepte einfach zu verändern. Ich empfehle, sich genau an die Mengenangaben und Schritte im Rezept zu halten, damit der Kuchen gelingt. Je nach verwendetem glutenfreien Mehl kann es sinnvoll sein, Eierersatz zuzugeben, um die fehlende Bindung auszugleichen.

EIER ERSETZEN

Eier haben unterschiedliche Funktionen beim Backen, weswegen es nicht die eine perfekte Alternative gibt, die alle Bereiche abdeckt. Wenn ein Rezept nur ein oder zwei Eier enthält, können diese meistens ohne Probleme einfach ersatzlos weggelassen werden. Ein Ei, das den Teig lockert und bindet, kann man durch die Zugabe von 1 EL Speisestärke und 1 EL Apfelessig ersetzen. Soll ein Ei nur den Teig lockern, reicht 1 TL Apfelessig als Ersatz. Um einen Teig zu binden, gibt es verschiedene Möglichkeiten, zum Beispiel das Herstellen einer Leinsamenmasse aus 2 EL geschroteten Leinsamen und 6 EL heißem Wasser, die man etwas quellen lässt. Geht es nur um die gelbe Farbe, kann eine geringe Menge gemahlene Kurkuma den Effekt erzeugen.

ÖL, BUTTER UND MARGARINE

Butter sowie Margarine und Öl können in Backrezepten nicht in den gleichen Mengen eingesetzt werden. Um Butter oder Margarine optimal zu ersetzen, sollten 20 Prozent Fettgewicht abgezogen werden, um auf die richtige Ölmenge zu kommen. Wichtig ist hierbei, das Öl zu wiegen und nicht in ml abzumessen. Die nun fehlenden 20 Prozent sind Flüssigkeit und sollten zur Menge des verwendeten Pflanzendrinks addiert werden.

DER GLANZ FÜR DAS GEBÄCK

Das Eigelb zum Einstreichen von Gebäck kannst du ganz einfach durch vegane Sahnealternativen wie etwa Hafer- oder Sojacuisine ersetzen. Einfach mit einem Pinsel vor dem Backen auf dem Teig auftragen, schon weist das fertige Gebäck den schönen Glanz auf. So kannst du auch deine Dekoration auf Weihnachtsplätzchen fixieren.

AGAR-AGAR RICHTIG VERWENDEN

Wenn du Gelatine ersetzen möchtest, kannst du problemlos Agar-Agar nutzen. Es eignet sich sowohl für süße als auch für herzhafte Speisen. Um die benötigte Menge zu ermitteln, solltest du die Packungsangabe beachten, denn die ist je nach Hersteller verschieden.

Ich nehme immer Päckchen, die genau für 500 ml Flüssigkeit ausgelegt sind. Wenn ich hier im Buch also von 1 Päckchen Agar-Agar spreche, dann ist das die Menge, die man für 500 ml Flüssigkeit benötigt.

Agar–Agar wird 2 Minuten mit Flüssigkeit aufgekocht, es wird dann beim Abkühlen fest.

Doch Achtung: Agar-Agar reagiert auf verschiedene Flüssigkeiten anders. Säure und Fett können die Bindekraft schwächen, und Früchte wie zum Beispiel Pflaumen können sie verstärken.

Um auf Nummer sicher zu gehen, rate ich dir, stets eine Gelierprobe zu machen. Dafür nimmst du ein wenig der gekochten Flüssigkeit auf einen Löffel und legst diesen für 1–2 Minuten ins Gefrierfach. Die Flüssigkeit sollte dann komplett angezogen sein.

Ein Vorteil von Agar-Agar ist, dass man es mehrmals aufkochen kann und es immer wieder neu geliert.

Klassische Torten

Käse-Sahne-Torte

ZUBEREITUNGSZEIT: 4–5 STUNDEN

Für 1 Springform
(Ø 22 cm)
Ergibt 10 Stücke

ZUTATEN:

FÜR DEN TEIG
50 g vegane Butter
180 g Zucker
260 g Mehl
1 TL Backpulver
2 Pck. Vanillezucker
250 ml Pflanzendrink

FÜR DIE FÜLLUNG
300 g vegane Sahne
6 EL San Apart
Abrieb von 1 Bio-Zitrone
300 g veganer Skyr
1 Pck. Vanillezucker
20 g Puderzucker plus mehr zum Bestreuen

AUSSERDEM
2 Springformen (Ø 22 cm)
Backpapier/Fett und Mehl für die Formen
1 verstellbarer Tortenring

1. Backofen auf 180 °C Ober-/Unterhitze vorheizen.
2. Die Springformen mit Backpapier auslegen oder einfetten und mit Mehl ausstreuen.
3. Die vegane Butter in einem Topf schmelzen.
4. In der Zwischenzeit Zucker, Mehl, Backpulver und Vanillezucker in eine Schüssel geben und vermischen. Die geschmolzene Butter mit dem Pflanzendrink zu den trockenen Zutaten geben und alles kurz mit einem Schneebesen miteinander verrühren.
5. Den Teig gleichmäßig auf die vorbereiteten Springformen verteilen und 25 Minuten im Ofen backen. Formen aus dem Ofen holen, Böden vollständig abkühlen lassen und dann aus den Formen lösen.
6. Für die Füllung die vegane Sahne in einer Schüssel mit dem Handrührgerät zunächst kurz auf niedriger Stufe schlagen, anschließend auf hoher Stufe weiterschlagen. Kurz bevor die Sahne steif ist, 3 EL San Apart dazugeben.
7. Die Zitronenschale in einer Schüssel mit Skyr, Vanillezucker, Puderzucker und dem restlichen San Apart vermengen. Dann die Sahne unterheben.
8. 1 Boden auf eine Tortenplatte setzen und einen Tortenring eng darumlegen. Die Füllung auf den Boden geben und glatt streichen.
9. Torte mindestens 2 Stunden kalt stellen.
10. Nachdem die Masse fest geworden ist, mit einem Messer zwischen Torte und Tortenring entlangfahren und den Tortenring abnehmen.
11. Den zweiten Boden in 10 gleich große Stücke schneiden. Die Stücke auf der Sahnemasse platzieren. Torte bis zum Servieren kalt stellen und kurz vor dem Servieren mit Puderzucker bestreuen.

Tipp:

Der Boden kann auch nur in 1 Springform gebacken werden. Er muss dann nach dem Abkühlen waagerecht halbiert werden.

Schwarzwälder Kirschtorte

ZUBEREITUNGSZEIT: 5 STUNDEN

Für 1 Springform
(Ø 22 cm)
Ergibt 10 Stücke

ZUTATEN:

FÜR DEN TEIG
50 g vegane Butter
60 g Backkakao
220 g Mehl
180 g Zucker
2 TL Backpulver
1 Prise Salz
1 Pck. Vanillezucker
275 ml Pflanzendrink

FÜR DIE FÜLLUNG/CREME
200 g entsteinte Schattenmorellen aus dem Glas
6 EL Kirschwasser
30 g Speisestärke
20 g Zucker
350 g vegane Sahne
1 Pck. Vanillezucker
4 EL San Apart
½ Pck. Sahnesteif

ZUM GARNIEREN
10 frische Kirschen
100 g Schokoraspel

AUSSERDEM
1 Springform (Ø 22 cm)
Backpapier für die Form
1 verstellbarer Tortenring
1 Spritzbeutel
1 Sterntülle

1. Backofen auf 180 °C Ober-/Unterhitze vorheizen.

2. Eine Springform mit Backpapier auslegen. Die vegane Butter in einem Topf schmelzen.

3. In der Zwischenzeit Backkakao, Mehl, Zucker, Backpulver, Salz und Vanillezucker in eine Schüssel geben und vermischen. Die geschmolzene Butter mit dem Pflanzendrink zu den trockenen Zutaten geben und alles mit einem Schneebesen kurz miteinander verrühren.

4. Den Teig in die Springform füllen und 35–40 Minuten im Ofen backen. Form aus dem Ofen holen, Boden vollständig abkühlen lassen und dann aus der Form lösen.

5. Für die Füllung die Schattenmorellen über einem Sieb abgießen, dabei den Saft auffangen. 200 ml Saft abmessen. Die Speisestärke in einer Tasse mit 2 EL vom Kirschsaft anrühren.

6. Den restlichen Kirschsaft zusammen mit dem Zucker in einem Topf aufkochen. Dann die Speisestärke einrühren und Saft kurz unter Rühren aufkochen lassen. Topf vom Herd nehmen. Die Schattenmorellen unter die Kirschmasse heben. Kurz abkühlen lassen.

7. Den Tortenboden zweimal waagerecht durchschneiden, sodass 3 Tortenböden entstehen.

8. Den ersten Boden auf eine Tortenplatte setzen und einen Tortenring herumlegen.

9. 2 EL Kirschwasser auf den Boden träufeln. Die Kirschmasse darauf verteilen, dabei circa 1 cm Rand frei lassen.

10. 200 g Sahne mit dem Vanillezucker in eine Schüssel geben und mit dem Handrührgerät steif schlagen. Wenn die Sahne fest zu werden beginnt, San Apart einrieseln lassen. Die Sahne auf höchster Stufe weiterschlagen, bis sie standfest ist. Nun ⅓ der Sahne auf der Kirschmasse verstreichen.

11. Den zweiten Boden auf die Sahne setzen, leicht andrücken und 2 EL Kirschwasser darüberträufeln.

12. Die restliche Sahne auf dem Boden verstreichen. Den dritten Boden auflegen, leicht andrücken und mit dem restlichen Kirschwasser beträufeln.

13. Die Torte 1 Stunde kalt stellen.

14. Die restliche Sahne aufschlagen. Wenn die Sahne fest zu werden beginnt, Sahnesteif einrieseln lassen. Die Sahne weiter aufschlagen, bis sie standfest ist.

15. Nun mit einem Messer zwischen Torte und Tortenring entlangfahren und den Tortenring abnehmen. Etwa 3 EL Sahne in einen Spritzbeutel mit Sterntülle füllen und beiseite legen.

16. Die Torte komplett mit der aufgeschlagenen Sahne einstreichen.

17. Die Kirschen waschen und die Stiele entfernen.

18. Mit dem Spritzbeutel 10 Sahnetupfen am Rand auf die Torte spritzen. Die Kirschen auf die Sahnetupfen setzen. Die Schokoladenraspel auf den Tortenrand und die Tortenoberfläche streuen.

19. Die Torte bis zum Servieren kalt stellen.

Maulwurfkuchen

ZUBEREITUNGSZEIT: 3 STUNDEN

Für 1 Springform
(Ø 20 cm)
Ergibt 8 Stücke

ZUTATEN:

FÜR DEN TEIG

135 g Mehl
125 g Zucker
20 g Backkakao
1 TL Backpulver
1 Prise Salz
1 Pck. Vanillezucker
30 g vegane Butter
150 ml Pflanzendrink

FÜR DIE FÜLLUNG

3 Bananen
2 EL Zitronensaft
300 g vegane Sahne
1 Pck. Vanillezucker
2 Pck. Sahnesteif
100 g Schokoraspel

AUSSERDEM

1 Springform (Ø 20 cm)
Backpapier für die Form

1. Backofen auf 180 °C Ober-/Unterhitze vorheizen.

2. Die Springform mit Backpapier auslegen.

3. Mehl, Zucker, Backkakao, Backpulver, Salz und Vanillezucker in eine Schüssel geben und vermischen. Die vegane Butter in einem Topf schmelzen und mit dem Pflanzendrink zu den trockenen Zutaten geben. Alle Zutaten kurz mit einem Schneebesen miteinander verrühren.

4. Den Teig in die vorbereitete Springform füllen und 35 Minuten im Ofen backen. Form herausnehmen, Kuchen vollständig auskühlen lassen und dann auf eine Tortenplatte setzen.

5. Den Kuchen mithilfe eines Löffels vorsichtig aushöhlen, dabei einen Rand von 1 cm stehen lassen und den Boden intakt lassen.

6. Den entnommenen Teig in einer Schüssel sammeln und zerbröseln.

7. Die Bananen schälen, der Länge nach halbieren und mit Zitronensaft beträufeln. Die Bananen in die ausgehöhlte Mulde legen.

8. Die Sahne mit dem Vanillezucker und dem Sahnesteif in eine Schüssel geben und mit dem Handrührgerät steif schlagen.

9. Nun die Schokoraspel unter die Sahne heben.

10. Die Sahne kuppelartig auf die Bananen streichen. Die Kuchenkrümel auf der Sahne verteilen und vorsichtig andrücken.

11. Den Kuchen vor dem Servieren mindestens 1 Stunde kalt stellen.

Tipp:

Wenn du ungesüßte vegane Sahne verwendest, am besten abschmecken, ob du noch ein wenig nachsüßen musst.
Anstatt Bananen eignen sich auch Erdbeeren oder anderes Obst.

Bienenstich

ZUBEREITUNGSZEIT: 4 STUNDEN

Für 1 Springform
(Ø 24 oder 26 cm)
Ergibt 10–12 Stücke

ZUTATEN:

FÜR DEN TEIG
155 ml Pflanzendrink
60 g vegane Butter
355 g Mehl plus mehr für die Arbeitsfläche
55 g Zucker
½ Würfel frische Hefe (21 g) oder 1 Pck. Trockenhefe
1 Prise Salz

FÜR DIE PUDDINGCREME
400 ml Pflanzendrink
1 Pck. Vanillepuddingpulver
50 g Zucker
50 g vegane Sahne
3 Pck. Sahnesteif

FÜR DIE MANDELCREME
200 g vegane Sahne
65 g vegane Butter
45 g Zucker
15 g Agavendicksaft
100 g gehobelte Mandeln

AUSSERDEM
2 Springformen (Ø 24 oder 26 cm)
Fett/Backpapier für die Formen
1 verstellbarer Tortenring

1. Für den Hefeteig Pflanzendrink und vegane Butter in einem Topf erwärmen. Mehl mit Zucker, Hefe und Salz in einer Schüssel mischen. Die lauwarme Buttermischung darübergeben.

2. Mit dem Knethaken des Handrührgeräts alles zu einem glatten Teig verarbeiten, bis dieser nicht mehr klebt.

3. Den Teig zugedeckt 1 Stunde ruhen lassen.

4. Für den Pudding den Pflanzendrink in einem Topf aufkochen lassen. Puddingpulver mit Zucker und 4 EL Milch in einer Schüssel glatt rühren. Mischung zur Milch geben und unter Rühren aufkochen lassen.

5. Den Pudding in eine Schüssel umfüllen und mit Frischhaltefolie bedecken, damit keine Haut entsteht. Pudding auskühlen lassen.

6. 1 Springform einfetten.

7. Den Hefeteig auf einer leicht bemehlten Arbeitsfläche durchkneten und rund ausrollen. In die vorbereitete Springform legen und zugedeckt weitere 15 Minuten ruhen lassen.

8. Währenddessen Backofen auf 180 °C Ober-/Unterhitze vorheizen.

9. Den Boden im Ofen 15 Minuten backen.

10. Nach dem Backen gleich vorsichtig den Springformrand lösen. Den Boden vollständig erkalten lassen, aus der Form nehmen und auf eine Kuchenplatte setzen.

11. Die zweite Springform mit Backpapier auslegen und den Rand einfetten.

12. Für die Mandelcreme die vegane Sahne, Butter, Zucker und Agavendicksaft in einem Topf aufkochen. Die Masse etwa 5 Minuten bei niedriger Hitze einköcheln lassen.

13. Den Topf von Herd nehmen und die Mandeln einrühren. Die Masse in die vorbereitete Springform füllen und 15 Minuten im Ofen backen.

14. Herausnehmen und Mandelmasse kurz abkühlen lassen. Wenn sie noch lauwarm ist, aus der Springform lösen und in 10–12 Tortenstücke schneiden.

15. Für die Puddingcreme die vegane Sahne mit dem Sahnesteif in eine Schüssel geben und aufschlagen, bis sie standfest ist.

16. Den Pudding glatt rühren und die Sahne vorsichtig unterheben. Um den Hefeboden einen Tortenring stellen und die Creme auf dem Boden verstreichen. Die Torte mindestens 1 Stunde kalt stellen.

17. Kurz vor dem Servieren die einzelnen Stücke der Mandelmasse auf die Creme legen.

Erdbeer-Schoko-Torte

ZUBEREITUNGSZEIT: 4 STUNDEN

Für 1 Springform
(Ø 22 cm)
Ergibt 10 Stücke

ZUTATEN:

FÜR DEN MÜRBETEIG
120 g Mehl plus mehr für die Arbeitsfläche
60 g Zucker
85 g vegane Butter
1 Prise Salz
50 g Erdbeermarmelade

FÜR DEN ZWEITEN TEIG
185 g Zucker
230 g Mehl
1 TL Backpulver
1 Pck. Vanillezucker
1 Prise Salz
45 g vegane Butter
225 ml Pflanzendrink

FÜR DIE SCHOKOCREME
150 g Zartbitterschokolade
200 g vegane Sahne

FÜR DIE ERDBEERCREME
300 g vegane Sahne
225 g Erdbeeren
30 g Zucker
1 Pck. Agar-Agar (für 500 ml Flüssigkeit)

1. Backofen auf 180 °C Ober-/Unterhitze vorheizen und 1 Springform mit Backpapier auslegen.

2. Für den Mürbeteig Mehl, Zucker, Butter und Salz in eine Schüssel geben und mit einem Handrührgerät oder den Händen zu einem Teig verkneten. Auf einer leicht bemehlten Arbeitsfläche ausrollen und auf dem Boden der Form verteilen.

3. Boden mehrfach mit einer Gabel einstechen und 10–12 Minuten im Ofen backen. Den Mürbeteig aus dem Ofen holen und abkühlen lassen.

4. Die zweite Springform mit Backpapier auslegen oder einfetten und mit Mehl ausstreuen.

5. Für den Teig Zucker, Mehl, Backpulver, Vanillezucker und Salz in eine Schüssel geben und vermischen.

6. Die vegane Butter in einem Topf schmelzen und mit dem Pflanzendrink zu den trockenen Zutaten geben. Alles kurz mit einem Schneebesen verrühren.

7. Den Teig in die Springform füllen und 30 Minuten im Ofen backen. Herausnehmen, Boden ebenfalls vollständig abkühlen lassen und aus der Form lösen.

8. Den Mürbeteigboden aus der Form nehmen, auf eine Kuchenplatte setzen und mit Erdbeermarmelade bestreichen. Den zweiten Boden darauflegen.

9. Für die Schokoladencreme zunächst die Schokolade zerkleinern, in eine hitzebeständige Schüssel geben und in einem warmen Wasserbad schmelzen. Dann Schüssel vom Wasserbad nehmen.

10. Die vegane Sahne in einer Schüssel mit dem Handrührgerät aufschlagen und nach und nach unter die Schokolade heben. Um den Boden einen Tortenring stellen und die Masse zügig auf dem Boden verstreichen. Die Torte kalt stellen.

ZUM GARNIEREN
100 g vegane Sahne
½ Pck. Sahnesteif
50 g Zuckerkonfetti
5–6 Erdbeeren

AUSSERDEM
2 Springformen (Ø 22 cm)
Backpapier/Fett und Mehl für die Formen
1 Spritzbeutel
1 Lochtülle
1 verstellbarer Tortenring

11. Für die Erdbeercreme die vegane Sahne in einer Schüssel aufschlagen.

12. Die Erdbeeren waschen, entstielen, mit dem Stabmixer pürieren und durch ein Sieb in eine Schüssel streichen.

13. Zucker, Erdbeerpüree und Agar-Agar in einen Topf geben und 2 Minuten aufkochen. Topf vom Herd nehmen, Masse kurz abkühlen lassen, dann vorsichtig die vegane Sahne unterheben.

14. Die Erdbeercreme auf die Schokomasse geben und glatt streichen. Die Torte weitere 30 Minuten kalt stellen.

15. In der Zwischenzeit für die Garnitur die vegane Sahne mit dem Sahnesteif in eine Schüssel geben und steif schlagen. Sahne in einen Spritzbeutel mit einer Lochtülle füllen. Kleine und große Tupfen am Rand der Torte aufspritzen.

16. Die Torte mit buntem Zuckerkonfetti bestreuen. Die Erdbeeren waschen, entstielen, halbieren und die Torte damit garnieren. Die Torte bis zum Servieren kühl stellen.

Frankfurter Kranz

ZUBEREITUNGSZEIT: 3 STUNDEN

Für 1 Gugelhupfform
(Ø 16 cm)
Ergibt 10 Stücke

ZUTATEN:

FÜR DEN PUDDING
1 Pck. Vanillepuddingpulver
300 ml Pflanzendrink
30 g Zucker

FÜR DEN TEIG
80 g vegane Butter
200 g Mehl
100 g Zucker
1 EL Speisestärke
1 Prise Salz
1 Pck. Vanillezucker
Abrieb von 1 Bio-Zitrone
180 ml Pflanzendrink

FÜR DIE CREME/
ZUM GARNIEREN
150 g weiche vegane Butter
80 g Johannisbeergelee
100 g Haselnusskrokant
10 Kirschen

AUSSERDEM
1 Gugelhupfform (Ø 16 cm)
Fett und Mehl für die Form
1 Spritzbeutel
1 Sterntülle

1. Das Puddingpulver in einer Schüssel mit 4 EL Pflanzendrink vermischen. Den restlichen Pflanzendrink mit 10 g Zucker in einen Topf geben und aufkochen. Das angerührte Puddingpulver untermischen und Masse unter Rühren 1 Minute kochen lassen.

2. Den Pudding in eine Schale füllen und den restlichen Zucker darüberstreuen, so bekommt der Pudding keine Haut. Den Pudding bei Zimmertemperatur abkühlen lassen.

3. Backofen auf 180 °C Ober-/Unterhitze vorheizen.

4. Eine Gugelhupf- oder Frankfurter-Kranz-Form gut einfetten und mit Mehl ausstäuben.

5. Für den Teig Zucker, Mehl, Speisestärke, Salz, Vanillezucker und Zitronenabrieb in eine Schüssel geben und vermischen.

6. Die vegane Butter in einem Topf vorsichtig schmelzen und mit dem Pflanzendrink zu den trockenen Zutaten geben. Alles kurz mit einem Schneebesen verrühren.

7. Den Teig in die Form füllen und glatt streichen. 25 Minuten im Ofen backen. Herausnehmen und abkühlen lassen.

8. Sobald der Pudding und der Kuchen abgekühlt sind, für die Creme die Butter in eine Schüssel geben und mit dem Handrührgerät geschmeidig rühren. Den erkalteten Pudding nach und nach untermischen. Dabei darauf achten, dass Butter und Pudding Zimmertemperatur haben, da sonst die Buttercreme gerinnt.

9. 3 EL der Buttercreme zur Seite stellen.

10. Den Kuchen aus der Form nehmen und zweimal waagerecht durchschneiden. Den unteren Boden auf eine Kuchenplatte setzen und mit etwas Johannisbeergelee bestreichen. ¼ der Creme auf dem Gelee verteilen und glatt streichen. Den mittleren Boden darauflegen und erneut mit Johannisbeergelee und ¼ der Creme bestreichen. Das letzte Kuchendrittel als Deckel aufsetzen.

11. Den Frankfurter Kranz mit der restlichen Buttercreme rundum einstreichen und vollständig mit Krokant bestreuen und diesen leicht andrücken.

12. Kirschen für die Garnitur waschen und entstielen.

13. Die aufbewahrte Buttercreme in einen Spritzbeutel mit Sterntülle füllen und 10 Tupfen am Rand auf den Frankfurter Kranz aufspritzen. Auf die Tupfen die Kirschen setzen und leicht andrücken.

14. Den Frankfurter Kranz bis zum Servieren kalt stellen.

Mokkatorte

ZUBEREITUNGSZEIT: 4 STUNDEN

Für 1 Springform (Ø 22 cm)
Ergibt 10 Stücke

ZUTATEN:

FÜR DEN TEIG
300 g Zucker
380 g Mehl
2 TL Backpulver
80 g Backkakao
2 Pck. Vanillezucker
1 Prise Salz
90 g vegane Butter
440 ml Pflanzendrink

FÜR DIE CREME
150 g Zartbitterschokolade
400 g vegane Sahne
4 EL löslicher Kaffee
2 EL Zucker

ZUM GARNIEREN
100 g Schokoraspel
50 g vegane Sahne
½ Pck. Sahnesteif
10 Mokkabohnen aus Schokolade

AUSSERDEM
1 Springform (Ø 22 cm)
Backpapier/Fett und Mehl für die Form
1 Spritzbeutel
1 Sterntülle

1. Backofen auf 180 °C Ober-/Unterhitze vorheizen.

2. Die Springform mit Backpapier auslegen oder einfetten und mit Mehl ausstreuen.

3. Zucker, Mehl, Backpulver, Backkakao, Vanillezucker und Salz in eine Schüssel geben und vermischen.

4. Die vegane Butter in einem Topf schmelzen und mit dem Pflanzendrink zu den trockenen Zutaten geben. Alles kurz mit einem Schneebesen verrühren.

5. Den Teig in die vorbereitete Springform füllen und 30 Minuten im Ofen backen. Herausnehmen und abkühlen lassen.

6. Für die Creme die Zartbitterschokolade zerkleinern, in eine hitzebeständige Schüssel geben und in einem warmen Wasserbad schmelzen. Schüssel vom Wasserbad nehmen.

7. Die Sahne in eine Schüssel schütten. 3–4 EL abnehmen und in einen Topf geben. Löslichen Kaffee und Zucker zufügen und unter Rühren leicht erhitzen, bis sich Zucker und Kaffeepulver aufgelöst haben. In der Zwischenzeit die restliche Sahne mit dem Handrührgerät aufschlagen.

8. Die Kaffee-Zucker-Mischung unter die Schokolade rühren, dann die Sahne vorsichtig unterheben.

9. Den Kuchenboden aus der Form nehmen und waagerecht durchschneiden, sodass 2 Tortenböden entstehen. Den ersten auf eine Tortenplatte setzen und ⅓ der Creme daraufstreichen. Nun den zweiten Boden darauflegen. Mit der restlichen Creme den Kuchen vollständig einstreichen.

10. Zum Garnieren die Schokoraspel mit den Händen an den Rand der Torte drücken.

11. Die Sahne mit dem Sahnesteif in eine Schüssel geben und steif schlagen. In einen Spritzbeutel mit Sterntülle füllen und 10 Sahnetupfen auf den Rand der Torte spritzen. Die Mokkabohnen auf die Tupfen legen und leicht andrücken.

12. Torte vor dem Servieren mindestens 1 Stunde kalt stellen.

Erdbeertorte mit Keksboden

ZUBEREITUNGSZEIT: 4 STUNDEN

Für 1 Springform
(Ø 22 cm)
Ergibt 10 Stücke

ZUTATEN:

FÜR DEN TEIG
100 g vegane Butter
200 g vegane Butterkekse
100 g Schokoraspel

FÜR DIE FÜLLUNG
400 g Erdbeeren
200 g vegane Sahne
2 EL San Apart
200 g veganer Frischkäse
Saft und Abrieb von
1 Bio-Limette

FÜR DEN FRUCHTSPIEGEL
200 g Erdbeeren
½ Pck. Agar-Agar
(für 250 ml Flüssigkeit)

AUSSERDEM
1 Springform (Ø 22 cm)

1. Für den Boden die Butter in einem Topf vorsichtig schmelzen.

2. Die Butterkekse zerkleinern und mit den Schokoraspeln in eine Schüssel geben. Die geschmolzene Butter dazufügen und mit den Händen gut untermischen.

3. Die Schoko-Keks-Mischung in die Springform füllen und mit einem Löffel oder Glas festdrücken.

4. Für die Füllung die Erdbeeren waschen, das Grün abschneiden, sodass die Erdbeeren begradigt sind. Mit der Schnittstelle nach unten auf den Boden stellen und dabei möglichst nah zusammenrücken.

5. Den Kuchen bis zur Weiterverarbeitung in den Kühlschrank stellen.

6. Die Sahne in einer Schüssel mit dem Handrührgerät aufschlagen. Wenn sie fest zu werden beginnt, San Apart einrieseln lassen. Die Sahne weiterschlagen, bis sie standfest ist.

7. Den Frischkäse in einer Schüssel mit dem Saft und dem Abrieb der Limette vermischen.

8. Die Sahne unter die Frischkäsemasse heben. Die Masse auf den Erdbeeren verstreichen und Torte wieder kalt stellen, während der Fruchtspiegel vorbereitet wird.

9. Für den Fruchtspiegel die Erdbeeren waschen, entstielen, in einem Behälter mit dem Stabmixer pürieren und durch ein Sieb in einen Topf streichen. Agar-Agar untermischen und Masse 2 Minuten aufkochen. Den Topf vom Herd nehmen und Fruchtspiegel einen Moment abkühlen lassen.

10. Fruchtspiegel vorsichtig auf die Torte gießen und mindestens 2 Stunden kalt stellen. Vor dem Servieren die Torte aus der Form nehmen.

Mohn-Marzipan-Torte

ZUBEREITUNGSZEIT: 3–4 STUNDEN

Für 1 Springform
(Ø 22 cm)
Ergibt 10 Stücke

ZUTATEN:

FÜR DEN TEIG
155 g Mehl
120 g Zucker
45 g gemahlener Mohn
1 TL Backpulver
1 Prise Salz
1 Pck. Vanillezucker
30 g vegane Butter
160 ml Pflanzendrink

FÜR DIE FÜLLUNG
50 g Kirschmarmelade
200 g vegane Sahne
2 Pck. Sahnesteif
⅓ Tonkabohne
100 g veganer Frischkäse

ZUM GARNIEREN
30 g Puderzucker plus mehr für die Arbeitsfläche
100 g Marzipanrohmasse

AUSSERDEM
1 Springform (Ø 22 cm)
Backpapier/Fett und Mehl für die Form
1 verstellbarer Tortenring

1. Backofen auf 180 °C Ober-/Unterhitze vorheizen.

2. Den Boden der Springform mit Backpapier auslegen oder einfetten und mit Mehl ausstreuen.

3. Für den Teig Mehl, Zucker, gemahlenen Mohn, Backpulver, Salz und Vanillezucker in eine Schüssel geben und vermischen.

4. Die vegane Butter in einem Topf schmelzen und mit dem Pflanzendrink zu den trockenen Zutaten geben. Alles kurz mit einem Schneebesen verrühren.

5. Den Teig in die vorbereite Springform füllen und 30 Minuten im Ofen backen. Herausnehmen und abkühlen lassen.

6. Sobald der Boden ausgekühlt ist, aus der Form lösen, auf eine Tortenplatte setzen und einen Tortenring herumlegen.

7. Die Kirschmarmelade auf den Boden streichen.

8. Vegane Sahne mit dem Sahnesteif in eine Schüssel geben und mit dem Handrührgerät aufschlagen.

9. Die Tonkabohne in eine Schüssel reiben und mit dem Frischkäse und dem Puderzucker verrühren. Die Sahne unter die Frischkäsemasse heben.

10. Die Masse vorsichtig auf dem Boden verstreichen und die Torte kalt stellen

11. Den Marzipan auf einer mit Puderzucker bestreuten Fläche ausrollen und mit einem Springformrand einen Kreis von Ø 22 cm ausstechen. Den Kreis in 10 Tortenstücke schneiden und diese auf die Torte auflegen.

Nusstorte

ZUBEREITUNGSZEIT: 5 STUNDEN

Für 1 Springform
(Ø 22 cm)
Ergibt 8 Stücke

ZUTATEN:

FÜR DEN TEIG
160 g Mehl
125 g Zucker
35 g gemahlene Haselnüsse
1 TL Backpulver
1 Prise Salz
1 Pck. Vanillezucker
30 g vegane Butter
150 ml Pflanzendrink

FÜR DIE CREME
300 g vegane Sahne
1 Pck. Vanillezucker
2 EL San Apart
100 g gemahlene Haselnüsse

FÜR DEN GUSS
50 g veganer Nougat
50 g Zartbitterschokolade
150 g vegane Sahne

ZUM GARNIEREN
100 g vegane Sahne
½ Pck. Sahnesteif
8 Haselnüsse

1. Backofen auf 180 °C Ober-/Unterhitze vorheizen.
2. Den Boden der Springform mit Backpapier auslegen oder einfetten und mit Mehl ausstreuen.
3. Für den Teig Mehl, Zucker, gemahlenen Haselnüsse, Backpulver, Salz und Vanillezucker in eine Schüssel geben und vermischen.
4. Die vegane Butter in einem Topf schmelzen und mit dem Pflanzendrink zu den trockenen Zutaten geben. Alles kurz mit einem Schneebesen verrühren.
5. Den Teig in die vorbereitete Springform füllen und 30 Minuten im Ofen backen. Herausnehmen und auskühlen lassen.
6. Sobald der Boden ausgekühlt ist, aus der Form lösen, auf eine Tortenplatte setzen und einen Tortenring herumlegen.
7. Für die Creme die Sahne mit dem Vanillezucker in eine Schüssel geben und mit dem Handrührgerät aufschlagen. Wenn die Sahne fest zu werden beginnt, San Apart einrieseln lassen. Die Sahne weiter aufschlagen, bis sie standfest ist.
8. Dann die gemahlenen Nüsse unterheben. Die Creme auf dem Kuchenboden verteilen und glatt streichen.
9. Für den Guss den Nougat und die Zartbitterschokolade zerkleinern, in eine hitzebeständige Schüssel geben und in einem warmen Wasserbad schmelzen.
10. In der Zwischenzeit die Sahne in einem Topf zum Kochen bringen und gleich in die Schokoladenmischung rühren, bis eine homogene Masse entsteht. Schüssel vom Wasserbad nehmen und Schokoladenguss einen kurzen Moment abkühlen lassen. Dann vorsichtig auf der Nusscreme verstreichen.

AUSSERDEM

1 Springform (Ø 22 cm)
Backpapier/Fett und Mehl für die Form
1 verstellbarer Tortenring
1 Spritzbeutel
1 Sterntülle

11. Für die Garnitur die Sahne und das Sahnesteif in eine Schüssel geben und steif schlagen. Die aufgeschlagene Sahne in einen Spritzbeutel mit Sterntülle füllen und 8 Sahnetupfen auf den Rand der Torte spritzen. Die Haselnüsse auf die Sahnetupfen legen.

12. Die Torte vor dem Servieren mindestens 2 Stunden kalt stellen.

Funfetti-Cake

ZUBEREITUNGSZEIT: 4–5 STUNDEN

Für 1 Springform (Ø 22 cm)
Ergibt 8–10 Stück

ZUTATEN:

FÜR DIE BUTTERCREME
1 Pck. Vanillepuddingpulver
400 ml Pflanzendrink
40 g Zucker
200 g weiche vegane Butter

FÜR DEN TEIG
200 g Zucker
320 g Mehl
2 TL Backpulver
1 Prise Salz
2 Pck. Vanillezucker
Abrieb von 1 Bio-Zitrone
60 g vegane Butter
320 ml Pflanzendrink

ZUM GARNIEREN
100 g Zuckerstreusel

AUSSERDEM
1 Springform (Ø 22 cm)
Backpapier/Fett und Mehl für die Form
1 Spritzbeutel
1 Sterntülle

1. Das Puddingpulver in einer Schüssel mit 4 EL Pflanzendrink vermischen.

2. Den restlichen Pflanzendrink mit 20 g Zucker in einem Topf aufkochen. Das angerührte Puddingpulver zugeben und Pudding unter Rühren 1 Minute kochen lassen. Dann in eine Schale füllen und den restlichen Zucker darüberstreuen, damit sich keine Haut bildet. Den Pudding bei Zimmertemperatur abkühlen lassen.

3. Backofen auf 180 °C Ober-/Unterhitze vorheizen. Eine Springform mit Backpapier auslegen oder gut einfetten und mit Mehl ausstreuen.

4. Für den Teig Zucker, Mehl, Backpulver Salz, Vanillezucker und den Zitronenabrieb in einer Schüssel vermischen.

5. Die vegane Butter in einem Topf schmelzen und mit dem Pflanzendrink zu den trockenen Zutaten geben. Alles kurz mit einem Schneebesen verrühren.

6. Den Teig in die Form füllen, glatt streichen und 25 Minuten im Ofen backen. Herausnehmen und abkühlen lassen.

7. Sobald der Pudding und der Kuchen abgekühlt sind, die weiche Butter in einer Schüssel mit dem Handrührgerät geschmeidig rühren und den erkalteten Pudding nach und nach unterrühren. Dabei darauf achten, dass Butter und Pudding Zimmertemperatur haben, da sonst die Buttercreme gerinnt. 3 EL Buttercreme zur Seite stellen.

8. Den Boden aus der Form nehmen und waagerecht durchschneiden, sodass 2 Böden entstehen. Den ersten Boden auf eine Tortenplatte setzen und mit ⅓ der Creme bestreichen. Den zweiten Boden darauflegen. Mit der restlichen Buttercreme den Kuchen vollständig einstreichen. Die Torte 30 Minuten kalt stellen.

9. Die beiseite gelegte Buttercreme in einen Spritzbeutel mit Sterntülle füllen und 10 Tupfen auf den Rand der Torte spritzen. Die Torte mit den Zuckerstreuseln dekorieren.

Tipp:

Um den Kuchen richtig bunt zu gestalten, kannst du 200 g backfeste Zuckerstreusel vor dem Backen unter den Teig heben.

Schokoladentorte

ZUBEREITUNGSZEIT: 3 STUNDEN

Für 1 Springform
(Ø 20 cm)
Ergibt 8–10 Stück

ZUTATEN:

FÜR DEN TEIG
185 g Mehl
185 g Zucker
45 g Backkakao
1 TL Backpulver
1 Prise Salz
1 Pck. Vanillezucker
45 g vegane Butter
225 ml Pflanzendrink

FÜR DIE CREME
200 g Zartbitterschokolade
300 g vegane Sahne

FÜR DEN SCHOKOLADEN-GUSS
100 g Zartbitterschokolade
100 g vegane Sahne

AUSSERDEM
1 Springform (Ø 20 cm)
Backpapier/Fett und Mehl für die Form
1 verstellbarer Tortenring

1. Backofen auf 180 °C Ober-/Unterhitze vorheizen.

2. Den Boden der Springform mit Backpapier auslegen oder einfetten und mit Mehl ausstreuen.

3. Für den Teig Mehl, Zucker, Backkakao, Backpulver, Salz und Vanillezucker in einer Schüssel vermischen.

4. Die vegane Butter in einem Topf schmelzen und mit dem Pflanzendrink zu den trockenen Zutaten geben. Alles kurz mit einem Schneebesen verrühren.

5. Den Teig in die vorbereitete Springform füllen und 30 Minuten im Ofen backen. Herausnehmen und abkühlen lassen.

6. Sobald der Boden ausgekühlt ist, aus der Form nehmen, auf eine Tortenplatte setzen und einen Tortenring herumlegen.

7. Für die Schokocreme die Schokolade zerkleinern, in eine hitzebeständige Schüssel geben und in einem warmen Wasserbad schmelzen.

8. Die vegane Sahne in einer Schüssel mit dem Handrührgerät aufschlagen. Nach und nach unter die Schokolade heben. Die Creme auf den Boden streichen, dabei zügig vorgehen, damit die Schokosahne nicht zu schnell fest wird.

9. Die Torte 10 Minuten kalt stellen.

10. In der Zwischenzeit für den Guss die Schokolade zerkleinern, in eine hitzebeständige Schüssel geben und in einem warmen Wasserbadschmelzen. Schüssel vom Wasserbad nehmen.

11. Die Sahne in einem Topf kurz aufkochen und dann mit der Schokolade vermengen. Die Masse auf der Schokocreme verstreichen.

12. Die Torte bis zum Servieren kalt stellen.

Frischkäsetorte

ZUBEREITUNGSZEIT: 3 STUNDEN

Für 1 Springform
(Ø 20 cm)
Ergibt 8 Stücke

ZUTATEN:

FÜR DEN BODEN
90 g vegane Butter
200 g vegane Butterkekse

FÜR DEN BELAG
300 g Frischkäse
200 g veganer Skyr
40 g Puderzucker
4 EL San Apart
1 Pck. Vanillezucker
150 g Beeren

AUSSERDEM
1 Springform (Ø 20 cm)

1. Für den Boden die Butter in einem Topf bei niedriger Temperatur schmelzen.

2. Die Butterkekse zerkleinern und in eine Schüssel geben. Die geschmolzene Butter zugießen und alles mit der Hand gut vermischen.

3. Die Keks-Butter-Mischung in die Springform geben und mit einem Löffel oder Glas festdrücken.

4. Für die Creme Frischkäse, Skyr, Puderzucker, San Apart und Vanillezucker in einer Schüssel mit einem Schneebesen kurz vermischen.

5. Die Frischkäsemasse auf dem Keksboden verstreichen. Die Torte am besten über Nacht kalt stellen.

6. Beeren verlesen, waschen, mit Küchenpapier trocken tupfen und bei Bedarf entstielen. Die Torte vor dem Servieren mit den Beeren garnieren.

Tipp:

Zu der Frischkäsetorte passt super eine dickflüssige Fruchtsoße. Dafür zum Beispiel Erdbeeren mit dem Stabmixer pürieren und mit etwas Speisestärke aufkochen.

Torte nach Sacher-Art

ZUBEREITUNGSZEIT: 5 STUNDEN

Für 1 Springform (Ø 20 cm)
Ergibt 10 Stücke

ZUTATEN:

FÜR DEN TEIG
260 g Mehl
180 g Zucker
80 g Backkakao
2 TL Backpulver
1 Prise Salz
2 Pck. Vanillezucker
60 g vegane Butter
330 ml Pflanzendrink

FÜR DIE GLASUR
100 g Aprikosenkonfitüre
200 g Zucker
45 ml Wasser
180 g Zartbitterschokolade

AUSSERDEM
1 Springform (Ø 20 cm)
Backpapier/Fett und Mehl für die Form

1. Backofen auf 180 °C Ober-/Unterhitze vorheizen.
2. Den Boden der Springform mit Backpapier auslegen oder einfetten und mit Mehl ausstreuen.
3. Für den Teig Mehl, Zucker, Backkakao, Backpulver, Salz und Vanillezucker in einer Schüssel vermischen.
4. Die vegane Butter in einem Topf schmelzen und mit dem Pflanzendrink zu den trockenen Zutaten geben. Alles kurz mit einem Schneebesen verrühren.
5. Den Teig in die vorbereitete Springform füllen und 40 Minuten im Ofen backen. Herausnehmen, Boden vollständig abkühlen lassen und aus der Form lösen.
6. Den Boden waagerecht durchschneiden und 1 Boden auf eine Tortenplatte legen.
7. Die Aprikosenkonfitüre in einem Topf 5 Minuten köcheln lassen.
8. Den Boden mit der Hälfte der Konfitüre bestreichen, dann den zweiten Boden aufsetzen und leicht andrücken.
9. Die Torte mit der restlichen Konfitüre rundherum gut einstreichen, anschließend mindestens 2 Stunden trocknen lassen.
10. Für die Glasur den Zucker mit dem Wasser in einen Topf geben, verrühren und etwa 5 Minuten köcheln lassen. Anschließend Mischung etwas abkühlen lassen.
11. Die Zartbitterschokolade derweil zerkleinern, in eine hitzebeständige Schüssel geben und in einem warmen Wasserbad schmelzen. Dann mit der noch warmen Zuckerlösung zu einer dickflüssigen Glasur verrühren. Die Glasur sollte vor der Weiterverarbeitung Körpertemperatur haben.
12. Die Torte rundherum mit der Glasur einstreichen, dann kühl stellen, bis die Glasur fest ist.

Himbeer-Buttercreme-Torte

ZUBEREITUNGSZEIT: 5 STUNDEN

Für 1 Springform
(Ø 20 cm)
Ergibt 10 Stücke

ZUTATEN:

FÜR DIE BUTTERCREME
1 Pck. Vanillepuddingpulver
400 ml Pflanzendrink
40 g plus 2 EL Zucker
300 g Himbeeren
200 g weiche vegane Butter

FÜR DEN TEIG
320 g Mehl
200 g Zucker
2 TL Backpulver
2 Pck. Vanillezucker
1 Prise Salz
60 g vegane Butter
320 ml Pflanzendrink

ZUM GARNIEREN
10 Himbeeren

AUSSERDEM
1 Springform (Ø 20 cm)
Backpapier/Fett und Mehl für die Form
1 Spritzbeutel
1 Sterntülle

1. Das Puddingpulver in einer Schüssel mit 4 EL Pflanzendrink vermischen. Den restlichen Pflanzendrink mit 20 g Zucker in einen Topf geben und aufkochen. Das angerührte Puddingpulver zufügen und Pudding unter Rühren 1 Minute kochen lassen.

2. In eine Schale umfüllen und 20 g Zucker darüberstreuen, sodass sich keine Haut bildet. Den Pudding bei Zimmertemperatur abkühlen lassen.

3. Backofen auf 180 °C Ober-/Unterhitze vorheizen.

4. Die Himbeeren waschen und mit 2 EL Zucker in einen Topf geben und kurz aufkochen. Danach abkühlen lassen. Die Himbeeren durch ein Sieb in eine Schüssel streichen, sodass alle Kerne entfernt sind.

5. Eine Springform mit Backpapier auslegen oder gut einfetten und mit Mehl ausstreuen.

6. Für den Teig Mehl, Zucker, Backpulver, Vanillezucker und Salz in einer Schüssel vermischen.

7. Die vegane Butter in einem Topf schmelzen und mit dem Pflanzendrink zu den trockenen Zutaten geben. Alles kurz mit einem Schneebesen verrühren.

8. Den Teig in die vorbereitete Springform füllen, glatt streichen und 25 Minuten im Ofen backen. Herausnehmen und abkühlen lassen.

9. Sobald der Pudding und der Kuchen abgekühlt sind, die weiche Butter in einer Schüssel mit dem Handrührgerät geschmeidig rühren. Nach und nach den erkalteten Pudding unterrühren. Dabei darauf achten, dass Butter und Pudding Zimmertemperatur haben, da sonst die Buttercreme gerinnt. Anschließend 150 g Himbeerpüree langsam untermischen.

Tipp:

Anstelle der Himbeeren kannst du auch Erdbeeren nehmen.

10. 3 EL Buttercreme zur Seite stellen.

11. Den Kuchen aus der Form nehmen und waagerecht durchschneiden, sodass 2 Tortenböden entstehen. Den ersten Boden auf eine Tortenplatte setzen. Das restliche Himbeerpüree auf den Boden streichen und ⅓ der Creme darauf verteilen. Nun den zweiten Boden darauflegen. Torte mit der restlichen Buttercreme vollständig einstreichen.

12. Die zur Seite gestellte Buttercreme in einen Spritzbeutel mit Sterntülle füllen und 10 Tupfen auf den Rand der Torte spritzen.

13. Die Himbeeren waschen, mit Küchenpapier trocken tupfen, auf die Tupfen setzen und leicht andrücken.

14. Die Torte vor dem Servieren mindestens 30 Minuten kalt stellen.

Nougattorte

ZUBEREITUNGSZEIT: 5 STUNDEN

Für 1 Springform
(Ø 20 cm)
Ergibt 10 Stücke

ZUTATEN:

FÜR DEN TEIG
200 g Zucker
250 g Mehl
80 g Backkakao
1 Prise Salz
1 ½ TL Backpulver
1 Pck. Vanillezucker
60 g vegane Butter
300 ml Pflanzendrink

FÜR DIE CREME
150 g Nougat
50 g Zartbitterschokolade
300 g vegane Sahne
1 Pck. Sahnesteif

FÜR DEN GUSS
75 g Nougat
100 g Zartbitterschokolade
100 g vegane Sahne

AUSSERDEM
1 Springform (Ø 20 cm)
Backpapier/Fett und Mehl für die Form
1 verstellbarer Tortenring

1. Backofen auf 180 °C Ober-/Unterhitze vorheizen.
2. Eine Springform mit Backpapier auslegen oder gut einfetten und mit Mehl ausstäuben.
3. Für den Teig Zucker, Mehl, Backkakao, Salz, Backpulver und Vanillezucker in einer Schüssel vermischen.
4. Die vegane Butter in einem Topf schmelzen und mit dem Pflanzendrink zu den trockenen Zutaten geben. Alles kurz mit einem Schneebesen verrühren.
5. Den Teig in die vorbereitete Springform füllen, glatt streichen und 30 Minuten im Ofen backen. Herausnehmen und abkühlen lassen.
6. Den abgekühlten Boden aus der Form lösen, auf eine Tortenplatte setzen und einen Tortenring herumlegen.
7. Für die Creme Nougat und Zartbitterschokolade zerkleinern, in eine hitzebeständige Schüssel geben und in einem warmen Wasserbad schmelzen. Schüssel vom Wasserbad nehmen.
8. Die vegane Sahne mit dem Sahnesteif in eine Schüssel geben und mit dem Handrührgerät aufschlagen. Nach und nach unter die Nougatmasse heben. Die Creme auf dem Tortenboden verstreichen und Torte circa 2 Stunden kalt stellen.
9. Für den Schokoladenguss den Nougat und die Schokolade zerkleinern, in eine hitzebeständige Schüssel geben und in einem warmen Wasserbad schmelzen. Schüssel vom Wasserbad nehmen.
10. Die Sahne in einem Topf zum Kochen bringen, dann mit der Schokoladen-Nougat-Masse vermengen.
11. Den Schokoladenguss vorsichtig auf die Schokoladencreme streichen und die Torte mindestens 2 Stunden kalt stellen.

Erdbeer-Sahne-Torte

ZUBEREITUNGSZEIT: 3½ STUNDEN

Für 1 Springform (Ø 22 cm)
Ergibt 10 Stücke

ZUTATEN:

FÜR DEN TEIG
220 g Mehl
160 g Zucker
1 TL Backpulver
1 Prise Salz
1 Pck. Vanillezucker
40 g vegane Butter
230 ml Pflanzendrink

FÜR DIE CREME
400 g vegane Sahne
250 g Erdbeeren
30 g Zucker
1 Pck. Agar-Agar (für 500 ml Flüssigkeit)

ZUM GARNIEREN
100 g vegane Sahne
½ Pck. Sahnesteif
100 g Erdbeeren
30 g gehackte Pistazien

AUSSERDEM
1 Springform (Ø 22 cm)
Backpapier/Fett und Mehl für die Form
1 Spritzbeutel
1 Lochtülle
1 verstellbarer Tortenring

1. Backofen auf 180 °C Ober-/Unterhitze vorheizen.
2. Den Boden der Springform mit Backpapier auslegen oder einfetten und mit Mehl ausstreuen.
3. Für den Teig Mehl, Zucker, Backpulver, Salz und Vanillezucker in einer Schüssel vermischen.
4. Die vegane Butter in einem Topf schmelzen und mit dem Pflanzendrink zu den trockenen Zutaten geben. Alles kurz mit einem Schneebesen verrühren.
5. Den Teig in die vorbereite Springform füllen und 30 Minuten im Ofen backen. Herausnehmen und abkühlen lassen.
6. Für die Creme die vegane Sahne in einer Schüssel mit dem Handrührgerät aufschlagen.
7. Erdbeeren waschen, entstielen und in einer Schüssel mit dem Stabmixer pürieren. Durch ein Sieb in einen Topf streichen, mit dem Zucker und dem Agar-Agar vermischen und 2 Minuten köcheln lassen.
8. Masse in eine Schüssel umfüllen und kurz abkühlen lassen, dann nach und nach die vegane Sahne unterheben.
9. Den Kuchen aus der Form lösen und auf eine Tortenplatte setzen. Den Tortenring um den Boden legen. Die Erdbeercreme daraufgeben und glatt streichen. Torte 30 Minuten kalt stellen.
10. Für die Garnierung die vegane Sahne mit dem Sahnesteif in eine Schüssel geben und aufschlagen. Dann in einen Spritzbeutel mit Lochtülle füllen und Tupfen auf die Torte spritzen.
11. Die Erdbeeren waschen und entstielen. Torte mit den Erdbeeren und den gehackten Pistazien dekorieren.

Holländische Kirschtorte

ZUBEREITUNGSZEIT: 4 STUNDEN

Für 1 Springform
(Ø 22 cm)
Ergibt 6–8 Stücke

ZUTATEN:

FÜR DEN TEIG
1 Packung Blätterteig
50 g Johannisbeergelee

FÜR DIE FÜLLUNG
300 g entsteinte Schattenmorellen aus dem Glas
20 g Speisestärke
30 g Zucker
1 TL Zimt

FÜR DIE SAHNECREME
300 g vegane Sahne
1 Pck. Vanillezucker
3 EL San Apart

FÜR DEN GUSS
100 g Puderzucker
2 EL Zitronensaft

ZUM GARNIEREN
6–8 Kirschen
100 g vegane Sahne
½ Pck. Sahnesteif

AUSSERDEM
Backpapier
1 Springform (Ø 22 cm)
1 verstellbarer Tortenring
1 Spritzbeutel
1 Sterntülle

1. Den Backofen auf 180 °C Ober-/Unterhitze vorheizen. Ein Backblech mit Backpapier auslegen.

2. Den Blätterteig ausrollen und mithilfe eines Tortenrings 2 Kreise mit Ø 22 cm ausstechen. Mit ein wenig Abstand zueinander auf das Backblech legen.

3. Teig mit einer Gabel mehrmals einstechen und 15 Minuten im Ofen backen. Herausnehmen und abkühlen lassen.

4. In der Zwischenzeit die Kirschfüllung kochen. Dazu die Schattenmorellen durch ein Sieb abgießen, dabei den Saft auffangen. Kirschen abtropfen lassen und 150 ml Kirschsaft abmessen.

5. 3–4 EL Kirschsaft in einer Schüssel mit der Speisestärke verrühren.

6. Den restlichen Kirschsaft mit dem Zucker und dem Zimt in einem Topf erhitzen. Die angerührte Speisestärke untermischen und Mischung unter Rühren 1 Minute köcheln lassen. Topf vom Herd nehmen, die Kirschen unterheben und alles abkühlen lassen.

7. Den ersten Blätterteigboden auf eine Tortenplatte setzen und einen Tortenring herumlegen. Die Kirschfüllung darauf verteilen, dabei einen 1 cm breiten Rand frei lassen.

8. Für den Blätterteigdeckel das Johannisbeergelee in einem Topf kurz aufkochen. Mit einem Pinsel den zweiten Boden an der Oberfläche damit bestreichen und Gelee komplett trocknen lassen.

9. Die Sahne mit dem Vanillezucker in eine Schüssel geben und mit dem Handrührgerät aufschlagen. Wenn die Sahne fest zu werden beginnt, San Apart einrieseln lassen. Die Sahne weiterschlagen, bis sie standfest ist. Sahne auf der Kirschfüllung verteilen und glatt streichen.

10. Die Torte mindestens 1 Stunde kalt stellen.

11. Den Puderzucker in einer Schüssel mit dem Zitronensaft zu einem Guss anrühren. Den Blätterteigdeckel vorsichtig an der Oberfläche damit bestreichen und Guss fest werden lassen.

12. Kurz vor dem Servieren den Deckel in 6–8 Stücke schneiden. Den Ring von der Torte lösen und die Deckelstücke einzeln auflegen.

13. Kirschen waschen und entstielen.

14. Die Sahne mit dem Sahnesteif in einer Schüssel aufschlagen und in einen Spritzbeutel mit Sterntülle füllen. Auf jedes Stück Blätterteig 1 Sahnetupfen spritzen und darauf jeweils 1 Kirsche setzen.

Waldbeertorte

ZUBEREITUNGSZEIT: 3 STUNDEN

Für 1 Springform
(Ø 22 cm)
Ergibt 10 Stücke

ZUTATEN:

FÜR DEN TEIG
185 g Mehl
160 g Zucker
45 g Backkakao
1 TL Backpulver
1 Prise Salz
1 Pck. Vanillezucker
45 g vegane Butter
225 ml Pflanzendrink

FÜR DIE BEERENMASSE
150 ml Erdbeersaft
30 g Zucker
25 ml Wasser
2 EL Speisestärke
300 g TK-Waldbeeren

FÜR DIE MASCARPONECREME
250 g vegane Mascarpone
Saft und Abrieb von
1 Bio-Limette
40 g Zucker
1 Pck. Vanillezucker
200 g vegane Sahne

AUSSERDEM
1 Springform (Ø 22 cm)
Backpapier/Fett und Mehl
für die Form
1 verstellbarer Tortenring

1. Backofen auf 180 °C Ober-/Unterhitze vorheizen.

2. Den Boden der Springform mit Backpapier auslegen oder einfetten und mit Mehl ausstreuen.

3. Für den Teig Mehl, Zucker, Backkakao, Backpulver, Salz und Vanillezucker in einer Schüssel vermischen.

4. Die vegane Butter in einem Topf schmelzen und mit dem Pflanzendrink zu den trockenen Zutaten geben. Alles kurz mit einem Schneebesen verrühren.

5. Den Teig in die vorbereite Springform füllen und 30 Minuten im Ofen backen. Herausnehmen und abkühlen lassen.

6. In der Zwischenzeit die Beerenmasse zubereiten. Dafür den Saft mit dem Zucker in einen Topf geben und aufkochen.

7. Das Wasser in einer Schüssel mit der Speisestärke vermischen und dann zu dem kochenden Saft geben. Mischung unter Rühren kurz aufkochen. Anschließend die gefrorenen Waldbeeren unterheben. Topf vom Herd nehmen und Waldbeermasse kurz abkühlen lassen.

8. Den Boden aus der Form lösen, auf eine Tortenplatte setzen und einen Tortenring herumlegen.

9. Die Waldbeermasse auf dem Boden verteilen, dabei einen Rand von 1 cm frei lassen.

10. Mascarpone in einer Schüssel mit Limettensaft und -abrieb, Zucker und Vanillezucker verrühren.

11. Nun die Sahne in einer Schüssel steif schlagen und nach und nach unter den Mascarpone heben.

12. Die Masse vorsichtig auf der Waldbeerfüllung verteilen, ohne diese zu verstreichen.

13. Die Torte mindestens 1 Stunde kalt stellen.

Kokos-Schokoladen-Torte

ZUBEREITUNGSZEIT: 3 STUNDEN

Für 1 Springform (Ø 20 cm)
Ergibt 8 Stücke

ZUTATEN:

FÜR DEN TEIG
125 g Mehl
100 g Zucker
30 g Backkakao
1 TL Backpulver
1 Prise Salz
1 Pck. Vanillezucker
30 g vegane Butter
150 ml Pflanzendrink

FÜR DIE KOKOSMASSE
400 ml Pflanzendrink
1 Pck. Vanillezucker
80 g Puderzucker
60 g Weizengrieß
60 g vegane Butter
100 g Kokosraspel

FÜR DEN GUSS
100 g Zartbitterschokolade
200 g vegane Sahne

AUSSERDEM
1 Springform (Ø 20 cm)
Backpapier/Fett und Mehl für die Form
1 verstellbarer Tortenring

1. Backofen auf 180 °C Ober-/Unterhitze vorheizen.
2. Den Boden der Springform mit Backpapier auslegen oder einfetten und mit Mehl ausstreuen.
3. Für den Teig Mehl, Zucker, Backkakao, Backpulver, Salz und Vanillezucker in einer Schüssel vermischen.
4. Die vegane Butter in einem Topf schmelzen und mit dem Pflanzendrink zu den trockenen Zutaten geben. Alles kurz mit einem Schneebesen verrühren.
5. Den Teig in die vorbereitete Springform füllen und 30 Minuten im Ofen backen. Herausnehmen und vollständig abkühlen lassen.
6. Den Boden aus der Form lösen, auf eine Tortenplatte setzen und einen Tortenring herumlegen.
7. Für die Kokosfüllung den Pflanzendrink in einem Topf aufkochen und Vanillezucker, Puderzucker und Grieß einrühren. Bei mittlerer Hitze 2 Minuten unter Rühren köcheln lassen. Topf vom Herd nehmen und die Butter sowie die Kokosraspel einrühren. Die noch warme Mischung auf dem Boden verstreichen.
8. Die Torte 30 Minuten bei Zimmertemperatur stehen lassen.
9. Für den Schokoladenguss die Schokolade zerkleinern, in eine hitzebeständige Schüssel geben und in einem warmen Wasserbad schmelzen. Dann Schüssel vom Wasserbad nehmen.
10. Die Sahne in einem Topf zum Kochen bringen und mit der Schokolade verrühren.
11. Den Guss auf der Kokosmasse verstreichen und Torte mindestens 2 Stunden kalt stellen.

Blechkuchen

Bananenschnitte

ZUBEREITUNGSZEIT: 3 STUNDEN

Für 1 Backblech
(38 × 27 cm)
Ergibt 12–15 Stücke

ZUTATEN:

FÜR DIE CREME
2 Pck. Vanillepuddingpulver
800 ml Pflanzendrink
60 g Zucker
400 g vegane Sahne
1 Pck. Vanillezucker
4 EL San Apart

FÜR DEN TEIG
250 g Mehl
200 g Zucker
60 g Backkakao
2 TL Backpulver
1 Prise Salz
2 Pck. Vanillezucker
60 g vegane Butter
300 ml Pflanzendrink

FÜR DEN BELAG
100 g Aprikosenkonfitüre
7–8 Bananen

FÜR DEN GUSS
250 g Zartbitterschokolade
300 g vegane Sahne

AUSSERDEM
1 Backblech (38 × 27 cm)
Backpapier/Fett und Mehl für das Blech

1. Das Puddingpulver in einer Schüssel mit 4 EL Pflanzendrink vermischen. Den restlichen Pflanzendrink mit 20 g Zucker in einen Topf geben und aufkochen. Das Puddingpulver unterrühren und Pudding 1 Minute kochen lassen. In eine Schüssel umfüllen und den restlichen Zucker daraufstreuen, damit sich keine Haut bildet. Den Pudding abkühlen lassen.

2. Backofen auf 180 °C Ober-/Unterhitze vorheizen. Das Backblech mit Backpapier auslegen oder einfetten und mit Mehl ausstreuen.

3. Für den Teig Mehl, Zucker, Backkakao, Backpulver, Salz und Vanillezucker in einer Schüssel vermischen. Die vegane Butter in einem Topf schmelzen und mit dem Pflanzendrink zu den trockenen Zutaten geben. Alles kurz mit einem Schneebesen verrühren.

4. Den Teig auf das vorbereitete Backblech streichen und 30 Minuten im Ofen backen. Blech aus dem Ofen nehmen und Boden vollständig auskühlen lassen.

5. Die Aprikosenkonfitüre auf dem Boden verstreichen. Die Bananen schälen und der Länge nach halbieren. Mit der Schnittfläche nach unten dicht an dicht auf die Konfitüre legen.

6. Für die Creme die Sahne mit dem Vanillezucker in eine Schüssel geben und mit dem Handrührgerät aufschlagen. Wenn die Sahne fest zu werden beginnt, San Apart einrieseln lassen. Die Sahne weiterschlagen, bis sie standfest ist. Die aufgeschlagene Sahne nach und nach unter den Pudding heben und die Creme auf die Bananen streichen.

7. Für den Guss die Schokolade zerkleinern, in eine hitzebeständige Schüssel geben und in einem Wasserbad schmelzen.

8. Die Sahne in einem Topf zum Kochen bringen und mit der Schokolade zu einer homogene Masse verrühren, auf der Creme verteilen. Den Kuchen mindestens 2 Stunden kalt stellen.

Donauwelle

ZUBEREITUNGSZEIT: 3–4 STUNDEN

Für 1 Backblech
(38 × 27 cm)
Ergibt 12–15 Stücke

ZUTATEN:

FÜR DIE CREME
700 ml Pflanzendrink
2 Pck. Vanillepuddingpulver
60 g Zucker
350 g weiche vegane Butter

FÜR DEN TEIG
420 g Zucker
510 g Mehl
2 TL Backpulver
2 Pck. Vanillezucker
1 Prise Salz
300 g entsteinte Sauerkirschen aus dem Glas
110 g vegane Butter
560 ml Pflanzendrink
50 g Backkakao

FÜR DIE GLASUR
300 g Zartbitterschokolade
2 EL Speiseöl oder Kokosöl

AUSSERDEM
1 Backblech (38 × 27 cm)
Backpapier/Fett und Mehl für das Blech

1. 50 ml Pflanzendrink in einer Schüssel mit dem Puddingpulver verrühren. Den restlichen Pflanzendrink und den Zucker in einen Topf geben und aufkochen. Das angemischte Puddingpulver unterrühren und Pudding aufkochen lassen. In eine Schüssel umfüllen und Frischhaltefolie direkt auf den Pudding legen, damit sich keine Haut bildet. Den Pudding auf Zimmertemperatur abkühlen lassen.

2. Backofen auf 180 °C Umluft vorheizen.

3. Das Backblech mit Backpapier auslegen oder einfetten und mit Mehl ausstreuen.

4. Für den Teig Zucker, 460 g Mehl, Backpulver, Vanillezucker und Salz in einer Schüssel vermischen. Die Kirschen in ein Sieb abgießen und abtropfen lassen.

5. Die vegane Butter in einem Topf vorsichtig schmelzen und mit dem Pflanzendrink zu den trockenen Zutaten geben. Alles kurz mit einem Schneebesen verrühren.

6. Den Teig in 2 Schüsseln verteilen. 1 Teigportion mit dem restlichen Mehl, die andere mit dem Backkakao vermischen.

7. Den hellen Teig auf das Backblech geben und glatt streichen. Dann den Schokoteig darauf verteilen und die Kirschen vorsichtig in den Teig drücken. Den Boden 40–45 Minuten im Ofen backen. Blech herausnehmen, den Boden abkühlen lassen.

8. In der Zwischenzeit die Buttercreme zubereiten. Dafür die weiche vegane Butter in eine Schüssel geben und mit dem Handrührgerät aufschlagen. Nach und nach den zimmerwarmen Vanillepudding dazugeben und gut vermengen.

9. Die Creme anschließend auf dem abgekühlten Boden verstreichen. Kuchen 30 Minuten kalt stellen.

10. Währenddessen für die Glasur die Schokolade mit dem Öl in einen Topf geben und schmelzen. Die Schokolade vorsichtig auf die Creme streichen und im Kühlen fest werden lassen.

Tipp:
Anstelle der Kirschen eignen sich auch super Erdbeeren.

Fantakuchen

ZUBEREITUNGSZEIT: 1½ STUNDEN

Für 1 Backblech (38 × 27 cm)
Ergibt 12–15 Stücke

ZUTATEN:

FÜR DEN TEIG
650 g Mehl
350 g Zucker
1 ½ Pck. Backpulver
¼ TL Salz
2 Pck. Vanillezucker
180 g vegane Butter
550 ml Fanta

FÜR DIE GLASUR/GARNIERUNG
400–500 g Puderzucker
Saft von 2 Zitronen
100 g vegane Zuckerstreusel (nach Belieben)

AUSSERDEM
1 Backblech (38 × 27 cm)
Backpapier/Butter und Mehl für das Blech

1. Backofen auf 180 °C Umluft vorheizen.

2. Das Backblech mit Backpapier auslegen oder mit Butter einpinseln und mit Mehl ausstreuen.

3. Mehl, Zucker, Backpulver, Salz und Vanillezucker in einer Schüssel vermischen.

4. Die Butter in einem Topf schmelzen und mit der Fanta zu den trockenen Zutaten geben. Alles kurz mit einem Schneebesen verrühren, sodass eine homogene Masse entsteht.

5. Den Teig auf das vorbereitete Backblech geben und 20 Minuten im Ofen backen. Blech herausnehmen und Kuchen gut abkühlen lassen.

6. Für die Glasur den Puderzucker in eine Schüssel geben und nach und nach mit dem Zitronensaft vermengen, sodass eine dickflüssige Masse entsteht. Diese auf dem Kuchen verstreichen und nach Belieben mit den Zuckerstreuseln dekorieren.

Tipp:

Für die Glasur kannst du anstelle des Zitronensafts auch Orangensaft oder Fanta nehmen.
Für den Teig eignet sich statt Fanta auch eine andere Brause. Die Flasche oder Dose muss aber frisch geöffnet sein.

Butterkuchen

ZUBEREITUNGSZEIT: 2½ STUNDEN

Für 1 Backblech (38 × 27 cm)
Ergibt 12–15 Stücke

ZUTATEN:

FÜR DEN TEIG
- 900 g Mehl
- 100 g Zucker
- 2 Pck. Vanillezucker
- 1 Würfel frische Hefe (42 g) oder 2 Pck. Trockenhefe
- 1 Prise Salz
- 480 ml Pflanzendrink
- 120 g vegane Butter

FÜR DEN BELAG
- 100 g vegane Butter
- 100 g Zucker
- 100 g Mandelblättchen

AUSSERDEM
- 1 Backblech (38 × 27 cm)
- Backpapier

1. Für den Teig Mehl, Zucker, Vanillezucker, Hefe und Salz in einer großen Schüssel vermischen.

2. Den Pflanzendrink mit der veganen Butter in einem Topf erwärmen, bis die Butter geschmolzen ist. Die Butter-Pflanzendrink-Mischung zu den trockenen Zutaten geben und alles mit dem Knethaken eines Handrührgeräts verrühren, bis der Teig nicht mehr klebt.

3. Danach den Teig zugedeckt an einem warmen Ort 1 Stunde gehen lassen.

4. Den Teig auf einem mit Backpapier ausgelegten Backblech ausrollen und mit den Fingern kleine Löcher in den Teig stechen, dabei aber nicht bis zum Boden durchdrücken.

5. Die Butter für den Belag klein schneiden und in die Löcher geben.

6. 80 g Zucker und die Mandelblättchen auf den Teig streuen.

7. Den Kuchen noch mal 25 Minuten gehen lassen.

8. Währenddessen den Backofen auf 180 °C Umluft vorheizen.

9. Den Kuchen 20 Minuten im Ofen backen. Blech herausnehmen und Kuchen mit dem restlichen Zucker bestreuen.

Zwetschgenkuchen mit Streuseln

ZUBEREITUNGSZEIT: 2 STUNDEN

Für 1 Backblech
(27 × 18 cm)
Ergibt 9–12 Stücke

ZUTATEN:

FÜR DEN TEIG
225 g Mehl
30 g Zucker
1 Pck. Vanillezucker
½ Pck. Trockenhefe oder ¼ Würfel frische Hefe (10 g)
1 Prise Salz
130 ml Pflanzendrink
30 g vegane Butter

FÜR DEN BELAG
50 g Mehl
35 g Zucker
½ TL Zimt
35 g vegane Butter
250 g Zwetschgen

AUSSERDEM
1 rechteckige Backform (27 × 18 cm)
Backpapier
Puderzucker zum Bestreuen

1. Für den Teig Mehl, Zucker, Vanillezucker, Hefe und Salz in einer großen Schüssel vermischen.

2. Den Pflanzendrink mit der veganen Butter in einem Topf leicht erwärmen. Wenn die Butter geschmolzen ist, die Mischung zu den trockenen Zutaten geben und alles mit dem Knethaken eines Handrührgeräts gut verkneten, bis der Teig nicht mehr klebt.

3. Danach den Teig zugedeckt an einem warmen Ort 1 Stunde gehen lassen.

4. In der Zwischenzeit die Streusel für den Belag zubereiten. Dafür Mehl, Zucker, Zimt und Butter in eine Schüssel geben und mit der Hand zu Streuseln verkneten. Die Streusel kalt stellen.

5. Wenn der Teig sein Volumen verdoppelt hat, noch einmal durchkneten und auf einer mit Mehl bestreuten Arbeitsplatte ausrollen, anschließend in die Form geben. Den Kuchen weitere 20 Minuten gehen lassen.

6. Währenddessen Backofen auf 180 °C Ober-/Unterhitze vorheizen.

7. Die Zwetschgen waschen, vierteln und dabei entkernen.

8. Die Zwetschgen auf dem Kuchen verteilen und leicht in den Teig drücken. Die Streusel über die Zwetschgen streuen und den Kuchen 30 Minuten im Ofen backen. Wenn die Streusel zu braun werden, den Kuchen mit Alufolie abdecken.

9. Kuchen herausnehmen, abkühlen lassen und am besten frisch und mit Puderzucker bestreut servieren.

Tipp:

Zum Kuchen passt geschlagene vegane Sahne wunderbar.

Apfel-Zimt-Kuchen

ZUBEREITUNGSZEIT: 1½ STUNDEN

Für 1 Backblech
(27 × 18 cm)
Ergibt 9–12 Stücke

ZUTATEN:

FÜR DEN ZIMTSWIRL
30 g vegane Butter
50 g brauner Zucker
1 TL Zimt

FÜR DEN TEIG
350 g Mehl
250 g Zucker
1 TL Backpulver
1 Prise Salz
1 Pck. Vanillezucker
65 g vegane Butter
280 ml Pflanzendrink
2 mittelgroße Äpfel

FÜR DEN BELAG
50 g Mandelblättchen
20 g Zimtzucker

AUSSERDEM
1 eckige Backform
(27 × 18 cm)
Backpapier

1. Backofen auf 180 °C Umluft vorheizen.
2. Die Backform mit Backpapier auslegen.
3. Für den Zimtswirl die vegane Butter in einem Topf schmelzen, mit dem braunen Zucker und dem Zimt vermengen. Topf vom Herd nehmen.
4. Die Äpfel schälen, entkernen, klein schneiden und beiseite stellen.
5. Für den Teig Mehl, Zucker, Backpulver, Salz und Vanillezucker in einer Schüssel vermischen.
6. Die vegane Butter in einem Topf vorsichtig schmelzen und mit dem Pflanzendrink zu den trockenen Zutaten geben. Alles kurz mit einem Schneebesen verrühren.
7. Äpfel vorsichtig unter den Teig heben.
8. Teig in die Backform füllen und glatt streichen. Die Zimtmischung daraufgeben und mit einer Gabel durch den Teig ziehen.
9. Teig mit Mandelblättchen und Zimtzucker bestreuen und den Kuchen 35–40 Minuten im Ofen backen.

Nussecken

ZUBEREITUNGSZEIT: 3 STUNDEN

Für 1 Backblech
(38 × 27 cm)
Ergibt 16–20 Stücke

ZUTATEN:

FÜR DEN TEIG
2 EL geschrotete Leinsamen
6 EL heißes Wasser
340 g Mehl
1 TL Backpulver
170 g Zucker
110 ml Pflanzendrink
1 Prise Salz
120 g vegane Butter

FÜR DEN BELAG
90 ml Wasser
450 g Zucker
1 Pck. Vanillezucker
300 g vegane Butter
400 g gehackte Haselnüsse
200 g gemahlene Haselnüsse

FÜR DIE GLASUR
200 g Zartbitterschokolade

AUSSERDEM
1 Backblech (38 × 27 cm)
Backpapier

1. Die geschroteten Leinsamen in einer Schüssel mit dem heißen Wasser vermengen und 5 Minuten quellen lassen.

2. Backofen auf 175 °C Umluft vorheizen. Das Backblech mit Backpapier auslegen.

3. Für den Teig Mehl und Backpulver in einer Schüssel vermischen. Zucker, Pflanzendrink, Salz und vegane Butter dazugeben und mit einem Handrührgerät zu einem Teig verrühren.

4. Die Leinsamenmasse unter den Teig mischen und Teig auf dem Backblech verteilen.

5. Für den Belag das Wasser, den Zucker und den Vanillezucker in einem Topf erhitzen. Die Butter dazugeben und 5 Minuten köcheln lassen. Den Topf vom Herd nehmen.

6. Die gehackten und die gemahlenen Haselnüsse untermischen und die Masse auf dem Boden verteilen.

7. Kuchen 20 Minuten im Ofen backen. Blech herausnehmen und Teig noch warm in Form schneiden. Dazu zuerst den Rand mit einem scharfen Messer oder einem Pizzaschneider begradigen. Dann Kuchen in Rechtecke und anschließend in Dreiecke schneiden.

8. Die Nussecken nun vollständig auskühlen lassen.

9. Für die Glasur die Zartbitterschokolade zerkleinern, in eine hitzebeständige Schüssel geben und in einem warmen Wasserbad schmelzen. Schüssel vom Wasserbad nehmen und die Ecken der Nussecken in die Schokolade tauchen. Auf ein Backpapier legen und Schokolade trocknen lassen.

Erdbeerschnitte

ZUBEREITUNGSZEIT: 3 STUNDEN

Für 1 Backblech
(38 × 27 cm)
Ergibt 12–15 Stücke

ZUTATEN:

FÜR DEN TEIG
280 g Zucker
460 g Mehl
2 TL Backpulver
1 Prise Salz
2 Pck. Vanillezucker
90 g vegane Butter
450 ml Pflanzendrink

FÜR DEN BELAG
800 ml Pflanzendrink
2 Pck. Vanillepuddingpulver
40 g Zucker
800 g Erdbeeren

FÜR DEN GUSS
400 ml Erdbeersaft
1 Pck. Agar-Agar
(für 500 ml Flüssigkeit)

AUSSERDEM
1 Backblech (38 × 27 cm)
Backpapier/Butter und
Mehl für das Blech

1. Backofen auf 180 °C Ober-/Unterhitze vorheizen.
2. Das Backblech mit Backpapier auslegen oder mit Butter einstreichen und mit Mehl ausstreuen.
3. Für den Teig Zucker, Mehl, Backpulver, Salz und Vanillezucker in einer Schüssel vermischen.
4. Die vegane Butter in einem Topf vorsichtig schmelzen und mit dem Pflanzendrink zu den trockenen Zutaten geben. Alles kurz mit einem Schneebesen verrühren.
5. Den Teig auf das Backblech streichen und 35 Minuten im Ofen backen. Blech herausnehmen und Boden abkühlen lassen.
6. Für den Belag 100 ml Pflanzendrink in einer Schüssel mit dem Puddingpulver verrühren.
7. Den restlichen Pflanzendrink mit dem Zucker in einen Topf geben und zum Kochen bringen. Das Puddingpulver einrühren und Pudding unter Rühren kurz aufkochen. Den Pudding auf den Boden streichen und abkühlen lassen.
8. Die Erdbeeren waschen, entstielen, halbieren und auf dem Pudding verteilen.
9. Für den Guss den Erdbeersaft mit dem Agar-Agar in einem Topf verrühren und 2 Minuten kochen. Guss kurz abkühlen lassen, dann gleichmäßig über den Erdbeeren verteilen.
10. Die Erdbeerschnitte kalt stellen, bis der Guss fest ist.

Brownies

ZUBEREITUNGSZEIT: 1½ STUNDEN

Für 1 Backblech (27 × 18 cm)
Ergibt 6–8 Stücke

ZUTATEN:
150 g vegane Butter
300 g Zucker
110 ml Pflanzendrink
1 TL Backpulver
280 g Mehl
120 g Backkakao
1 Prise Salz
1 Pck. Vanillezucker

AUSSERDEM
1 rechteckige Backform (27 × 18 cm)
Backpapier

1. Backofen auf 180 °C Umluft vorheizen.
2. Die Backform mit Backpapier auslegen
3. Die Butter in einem Topf vorsichtig schmelzen.
4. Den Zucker in eine Schüssel geben, mit der Butter vermengen und anschließend den Pflanzendrink mit einem Kochlöffel untermischen.
5. Die trockenen Zutaten zugeben und alles kurz verrühren.
6. Den Teig in die Form geben und verstreichen. 30 Minuten im Ofen backen. Form herausnehmen und Brownies vollständig auskühlen lassen.

Tipp:
Die Brownies können noch getoppt werden, indem du Schokodrops, Oreos, Himbeeren oder Ähnliches zum Teig gibst.

Mohnkuchen

ZUBEREITUNGSZEIT: 2 STUNDEN

Für 1 tiefes Backblech (38 × 27 cm)
Ergibt 12–15 Stücke

ZUTATEN:

FÜR DEN TEIG
360 g Zucker
360 g vegane Butter
720 g Mehl
2 TL Backpulver
2 Pck. Vanillezucker
1 Prise Salz

FÜR DEN BELAG
1,4 l Pflanzendrink
4 Pck. Vanillepuddingpulver
200 g Zucker
400 g gemahlener Mohn
200 g Marzipan

AUSSERDEM
1 tiefes Backblech (38 × 27 cm)
Backpapier

1. Backofen auf 180 °C Umluft vorheizen.
2. Ein tiefes Backblech mit Backpapier auslegen.
3. Für den Teig Zucker, Butter, Mehl, Backpulver, Vanillezucker und Salz in einer Schüssel mit einem Schneebesen verrühren.
4. 240 g des Teigs abnehmen und zur Seite legen.
5. Den restlichen Teig mit den Händen auf dem Backblech verteilen.
6. Für den Belag 200 ml Pflanzendrink in einer Schüssel mit dem Puddingpulver verrühren.
7. Den restlichen Pflanzendrink mit dem Zucker in einen Topf geben und zum Kochen bringen. Anschließend das angerührte Puddingpulver und den Mohn einrühren und 5 Minuten quellen lassen.
8. Die Mohnmasse auf dem Teig verstreichen.
9. Den beiseite gelegten Teig mit dem Marzipan verkneten und die Masse auf den Mohn bröseln.
10. Kuchen 40–45 Minuten im Ofen backen. Nach 15–20 Minuten mit Alufolie abdecken, damit die Streusel nicht zu dunkel werden.
11. Den Kuchen aus dem Ofen holen und vor dem Anschneiden gut abkühlen lassen.

Tipp:

Wer mag, kann noch zum Beispiel Brombeeren oder Heidelbeeren zur Mohnmasse geben.

Mandarinen-Schmand-Kuchen

ZUBEREITUNGSZEIT: 3 STUNDEN

Für 1 rechteckige Backform (27 × 18 cm/ Höhe 7 cm)
Ergibt 9–12 Stücke

ZUTATEN:

FÜR DEN TEIG
180 g Zucker
230 g Mehl
1 TL Backpulver
1 Prise Salz
1 Pck. Vanillezucker
45 g vegane Butter
225 ml Pflanzendrink

FÜR DEN BELAG
350 g Mandarinen aus der Dose
300 g vegane Creme fraîche
100 g Alpro Skyr
1 Pck. Vanillezucker
40 g Puderzucker
250 g vegane Sahne
5 EL San Apart

ZUM GARNIEREN
100 g Zucker
1 EL Zimt

AUSSERDEM
1 rechteckige Backform (27 × 18 cm)
Backpapier/Butter und Mehl für die Form

1. Backofen auf 180 °C Ober-/Unterhitze vorheizen.
2. Die Backform mit Backpapier auslegen oder mit Butter einstreichen und mit Mehl ausstreuen.
3. Für den Teig Zucker, Mehl, Backpulver, Salz und Vanillezucker in einer Schüssel vermischen.
4. Die vegane Butter in einem Topf schmelzen und mit dem Pflanzendrink zu den trockenen Zutaten geben. Alles kurz mit einem Schneebesen verrühren.
5. Den Teig in die Backform geben, verstreichen und 30 Minuten im Ofen backen. Form herausnehmen und Boden vollständig auskühlen lassen.
6. Die Mandarinen in ein Sieb abgießen und abtropfen lassen. Dann auf dem Boden verteilen.
7. Creme fraîche, Alpro Skyr, Vanillezucker und Puderzucker in einer Schüssel mit einem Schneebesen glatt rühren.
8. Die Sahne in eine Schüssel geben und mit dem Handrührgerät aufschlagen. Wenn die Sahne fest zu werden beginnt, San Apart einrieseln lassen. Die Sahne weiter aufschlagen, bis sie standfest ist.
9. Die aufgeschlagene Sahne nach und nach unter die Creme heben. Creme auf die Mandarinen geben und glatt streichen.
10. Vor dem Servieren den Zucker mit dem Zimt vermischen und über die Creme streuen.

Apfelmuskuchen mit Streuseln

ZUBEREITUNGSZEIT: 1½ STUNDEN

Für 1 rechteckige Backform (27 × 18 cm)
Ergibt 9–12 Stücke

ZUTATEN:

FÜR DEN BELAG
900 g Äpfel
400 ml Wasser
30 ml Zitronensaft
50 g Zucker
1 Pck. Vanillezucker
2 EL Speisestärke

FÜR DEN TEIG
620 g Mehl
280 g Zucker
300 g vegane Butter
½ TL Backpulver

ZUM GARNIEREN
150 g Puderzucker
4–5 EL Zitronensaft
50 g Mandelblättchen

AUSSERDEM
1 rechteckige Backform (27 × 18 cm)
Backpapier

1. Die Äpfel schälen, entkernen und grob würfeln. Dann mit Wasser, Zitronensaft, Zucker und Vanillezucker in einen Topf geben und bei mittlerer Hitze circa 25 Minuten köcheln lassen, bis das Wasser verkocht ist. Anschließend Topf vom Herd nehmen und die Speisestärke einrühren.

2. Backofen auf 180 °C Ober-/Unterhitze vorheizen.

3. Die Backform mit Backpapier auslegen.

4. Für den Teig Mehl, Zucker, vegane Butter und Backpulver in einer Schüssel mit einem Handrührgerät mit Knethaken verrühren. ⅔ des Teiges auf den Boden der Backform geben und platt drücken.

5. Das Apfelmus auf dem Teig verteilen und den restlichen Teig als Streusel darübergeben. Den Kuchen 40 Minuten im Ofen backen.

6. Für den Guss den Puderzucker in einer Schüssel nach und nach mit dem Zitronensaft vermengen, sodass eine dickflüssige Masse entsteht. Den Guss auf dem Kuchen verteilen und die Mandeln daraufstreuen.

Marzipan-Nuss-Kuchen

ZUBEREITUNGSZEIT: 1½ STUNDEN

Für 1 Backblech
(38 × 27 cm)
Ergibt 12–15 Stücke

ZUTATEN:

FÜR DEN TEIG

- 400 g Mehl
- 200 g gemahlene Haselnüsse
- 250 g Zucker
- 2 TL Backpulver
- 1 Prise Salz
- 1 Pck. Vanillezucker
- 300 g Marzipanrohmasse
- 240 g weiche vegane Butter
- 600 ml Pflanzendrink
- 1 kleines Fläschchen Bittermandelaroma

FÜR DIE GLASUR

- 300 g Zartbitterschokolade
- 150 g vegane Sahne

AUSSERDEM

- 1 Backblech (38 × 27 cm)
- Backpapier/Fett und Mehl für das Blech

1. Backofen auf 180 °C Ober-/Unterhitze vorheizen.
2. Das Backblech mit Backpapier auslegen oder einfetten und mit Mehl bestreuen.
3. Mehl, Haselnüsse, Zucker, Backpulver, Salz und Vanillezucker in einer Schüssel vermischen.
4. Den Marzipan in einer Schüssel mit der weichen Butter verkneten, das funktioniert am besten mit den Händen. Nun abwechselnd die trockenen Zutaten, Pflanzendrink und Bittermandelaroma zugeben und so kurz wie möglich mit einem Schneebesen verrühren.
5. Den Teig auf das vorbereitete Backblech geben, glatt streichen und 45–50 Minuten im Ofen backen. Blech herausnehmen und den Kuchen gut auskühlen lassen.
6. Für die Glasur die Schokolade zerkleinern, in eine hitzebeständige Schüssel geben und in einem warmen Wasserbad schmelzen. Schüssel vom Wasserbad nehmen.
7. Sahne in einem Topf zum Kochen bringen, dann mit der Schokolade verrühren, bis eine homogene Masse entsteht.
8. Glasur auf den Kuchen streichen und kalt stellen, bis sie fest ist.

Russischer Zupfkuchen

ZUBEREITUNGSZEIT: 4 STUNDEN

Für 1 Backblech
(38 × 27 cm)
Ergibt 12–15 Stücke

ZUTATEN:

FÜR DEN TEIG
550 g Mehl
300 g Zucker
1 ½ TL Backpulver
80 g Backkakao
2 Pck. Vanillezucker
1 Prise Salz
380 g vegane Butter

FÜR DEN BELAG
270 g vegane Butter
3 Pck. Vanillepuddingpulver
300 g vegane Sahne
Saft von ½ Orange
1 Prise Salz
2 Pck. Vanillezucker
270 g Puderzucker
1,2 kg veganen Skyr

AUSSERDEM
1 Backblech (38 × 27 cm)
Backpapier/Fett und Mehl
für das Blech

1. Backofen auf 180 °C Ober-/Unterhitze vorheizen.
2. Das Backblech mit Backpapier auslegen oder einfetten und mit Mehl bestreuen.
3. Für den Mürbeteig Mehl, Zucker, Backpulver, Backkakao, Vanillezucker, Salz und Butter (in Stückchen) in eine Schüssel geben und mit der Hand zu einem Teig verkneten.
4. Circa ⅓ des Teiges beiseite legen. Den restlichen Mürbeteig auf das Backblech geben und zu einem flachen Boden drücken.
5. Für den Belag die vegane Butter in einem Topf schmelzen.
6. Das Puddingpulver in einer Schüssel mit der veganen Sahne verrühren. Nun die restlichen Zutaten zufügen und alles mit einem Schneebesen glatt rühren. Die Masse auf den Mürbeteig streichen.
7. Den restlichen Mürbeteig klein zupfen und die Stücke mit kleinen Lücken vorsichtig auf die Füllung legen.
8. Den Zupfkuchen 1 Stunde im Ofen backen. Dann im ausgeschalteten Backofen 20–25 Minuten ruhen lassen. Anschließend herausnehmen und abkühlen lassen.

Tipp:

Der Zupfkuchen sollte vor dem Servieren wenn möglich über Nacht im Kühlschrank stehen – dort kann er am besten durchziehen.

Streuselkuchen mit Pudding und Himbeeren

ZUBEREITUNGSZEIT: 3 STUNDEN

Für 1 Backblech (38 × 27 cm)
Ergibt 12–15 Stücke

ZUTATEN:

FÜR DEN TEIG
600 g Mehl
300 g Zucker
300 g vegane Butter
1 ½ TL Backpulver
80 ml Pflanzendrink
1 Prise Salz

FÜR DEN BELAG
800 ml Pflanzendrink
2 Pck. Vanillepuddingpulver
140 g Zucker
2 Pck. Vanillezucker
600 g Himbeeren
150 g Marzipan

AUSSERDEM
1 Backblech (38 × 27 cm)
Backpapier/Fett und Mehl für die Form
Puderzucker zum Bestreuen

1. Das Backblech mit Backpapier auslegen oder einfetten und mit Mehl bestreuen.

2. Backofen auf 180 °C Ober-/Unterhitze vorheizen.

3. Für den Teig Mehl, Zucker, vegane Butter, Backpulver, Pflanzendrink und Salz in einer Schüssel mit einem Handrührgerät mit Knethaken verkneten. ⅔ des Teiges auf den Boden des Backblechs geben und platt drücken, dabei einen Rand von 1 cm Höhe formen.

4. Für den Belag 100 ml Pflanzendrink in einer Schüssel mit dem Puddingpulver verrühren. Den restlichen Pflanzendrink mit Zucker und Vanillezucker in einen Topf geben und zum Kochen bringen. Das angerührte Puddingpulver einrühren. Den Pudding kurz aufkochen lassen und sofort auf den vorbereiteten Teig streichen.

5. Die Himbeeren waschen, auf dem Pudding verteilen und ein wenig in den Pudding drücken.

6. Den restlichen Teig in einer Schüssel mit dem Marzipan verkneten (per Hand) und Streusel daraus formen. Die Streusel auf dem Himbeer-Pudding verteilen.

7. Den Kuchen 30 Minuten im Ofen backen, dann herausnehmen und gut auskühlen lassen.

8. Vor dem Servieren mit Puderzucker bestreuen.

Tipps:

Du kannst anstelle der Himbeeren auch andere Beeren oder Früchte nehmen. Manche, wie Erdbeeren, Heidelbeeren, Brombeeren oder Kirschen, müssen gegebenenfalls mit Speisestärke vermischt werden, da sie sonst zu viel Wasser verlieren. Wer keinen Marzipan mag, kann diesen einfach weglassen.

Schokopuddingkuchen

ZUBEREITUNGSZEIT: 3½ STUNDEN

Für 1 Backblech
(38 × 27 cm)
Ergibt 12–15 Stücke

ZUTATEN:

FÜR DEN TEIG
270 g Zucker
310 g Mehl
1 ½ TL Backpulver
75 g Backkakao
1 Prise Salz
2 Pck. Vanillezucker
75 g vegane Butter
390 ml Pflanzendrink

FÜR DEN PUDDING
1,3 l Pflanzendrink
3 Pck. Vanillepuddingpulver
100 g Zucker

FÜR DIE GLASUR
400 g Zartbitterschokolade
300 g vegane Sahne

AUSSERDEM
1 Backblech (38 × 27 cm)
Backpapier/Butter und Mehl für das Blech

1. Backofen auf 180 °C Ober-/Unterhitze vorheizen.

2. Das Backblech mit Backpapier auslegen oder mit Butter einstreichen und mit Mehl ausstreuen.

3. Für den Teig Zucker, Mehl, Backpulver, Backkakao, Salz und Vanillezucker in einer Schüssel vermischen.

4. Die vegane Butter in einem Topf schmelzen und mit dem Pflanzendrink zu den trockenen Zutaten geben. Alles kurz mit einem Schneebesen verrühren.

5. Den Teig auf das Backblech geben, verstreichen und 30 Minuten im Ofen backen. Herausnehmen und Boden vollständig auskühlen lassen.

6. Für den Pudding 200 ml Pflanzendrink in einer Schüssel mit dem Puddingpulver verrühren.

7. Den restlichen Pflanzendrink mit dem Zucker in einen Topf geben und zum Kochen bringen. Das angerührte Puddingpulver zugeben und unter Rühren kurz aufkochen.

8. Den Pudding auf dem abgekühlten Boden verstreichen.

9. Für die Glasur die Schokolade zerkleinern, in eine hitzebeständige Schüssel geben und in einem warmen Wasserbad schmelzen. Schüssel vom Wasserbad nehmen.

10. Die Sahne in einem Topf zum Kochen bringen, dann mit der Schokolade verrühren, bis eine homogene Masse entsteht. Die Schokoladenmasse auf den Pudding streichen und Kuchen mindestens 2 Stunden kalt stellen.

Rührkuchen/ Einfache Kuchen

Käsekuchen

ZUBEREITUNGSZEIT: 4 STUNDEN

Für 1 Springform (Ø 20 cm)
Ergibt 10 Stücke

ZUTATEN:

FÜR DEN TEIG
200 g Mehl
100 g Zucker
1 TL Backpulver
1 Pck. Vanillezucker
1 Prise Salz
125 g vegane Butter

FÜR DIE FÜLLUNG
90 g vegane Butter
1 Pck. Vanillepuddingpulver
100 g vegane Sahne
400 g veganer Skyr
100 g veganer Frischkäse
90 g Puderzucker
Saft und Schale von ½ Bio-Zitrone
1 Pck. Vanillezucker

AUSSERDEM
1 Springform (Ø 20 cm)
Backpapier/Fett und Mehl für die Form

1. Backofen auf 180 °C Ober-/Unterhitze vorheizen.
2. Eine Springform mit Backpapier auslegen oder einfetten und mit Mehl bestreuen.
3. Für den Mürbeteig Mehl, Zucker, Backpulver, Vanillezucker, Salz und Butter (in Stückchen) in eine Schüssel geben und mit der Hand verkneten. Den Mürbeteig in die Springform geben und zu einem flachen Boden drücken, dabei einen 3–4 cm hohen Rand formen.
4. Für die Käsekuchenfüllung zunächst die vegane Butter in einem Topf schmelzen.
5. Das Puddingpulver in einer Schüssel mit der veganen Sahne verrühren. Anschließend alle anderen Zutaten zugeben und mit dem Schneebesen glatt rühren. Die Masse auf dem Mürbeteig verstreichen.
6. Den Käsekuchen 55 Minuten im Ofen backen, dann im ausgeschalteten Backofen 20–25 Minuten ruhen lassen. Anschließend herausnehmen und abkühlen lassen.

Tipp:

Der Käsekuchen sollte vor dem Servieren wenn möglich über Nacht im Kühlschrank stehen – dort kann er am besten durchziehen.
Wer den Käsekuchen gerne etwas weicher mag, sollte ihn mindestens 1 Stunde backen.

Schokoladenkuchen

ZUBEREITUNGSZEIT: 2 STUNDEN

Für 1 Kastenform
(20 x 11,5 cm)
Ergibt 10–12 Stücke

ZUTATEN:
45 g vegane Butter
160 g Zucker
190 g Mehl
45 g Backkakao
1 TL Backpulver
1 Prise Salz
1 Pck. Vanillezucker
235 ml Pflanzendrink
100 g Schokodrops
150 g Zartbitterschokolade

AUSSERDEM
1 Kastenform
(20 x 11,5 cm)
Fett für die Form

1. Backofen auf 180 °C Ober-/Unterhitze vorheizen.

2. Die Kastenform einfetten.

3. Die vegane Butter in einem Topf vorsichtig schmelzen.

4. Zucker, Mehl, Backkakao, Backpulver, Salz und Vanillezucker in einer Schüssel vermischen. Die Butter und den Pflanzendrink dazugeben und alles kurz mit einem Schneebesen verrühren. Die Schokoladendrops unter den Teig heben.

5. Den Teig in die vorbereitete Kastenform füllen und 40–45 Minuten im Ofen backen. Herausnehmen und Kuchen gut auskühlen lassen. Kuchen aus der Form lösen und auf ein Kuchengitter setzen.

6. Die Zartbitterschokolade zerkleinern, in eine hitzebeständige Schüssel geben und in einem warmen Wasserbad schmelzen. Schüssel vom Wasserbad nehmen.

7. Schokolade über den Kuchen streichen. Den Kuchen vom Kuchengitter nehmen und auf ein Backpapier setzen. Schokolade fest werden lassen.

Erdbeer-Kokos-Kuchen

ZUBEREITUNGSZEIT: 2 STUNDEN

Für 1 Kastenform (20 x 11,5 cm)
Ergibt 10–12 Stücke

ZUTATEN:
160 g Zucker
65 g weiche vegane Butter
180 g Mehl
1 TL Backpulver
100 g Kokosraspel
1 Prise Salz
1 Pck. Vanillezucker
200 ml Pflanzendrink
150 g Erdbeeren

AUSSERDEM
1 Kastenform (20 x 11,5 cm)
Fett für die Form

1. Backofen auf 180 °C Umluft vorheizen.

2. Die Kastenform einfetten. Zucker und die weiche vegane Butter in eine Schüssel geben und mit dem Handrührgerät einige Minuten lang rühren.

3. Mehl, Backpulver, Kokosraspel, Salz und Vanillezucker in einer Schüssel vermengen und dann abwechselnd mit dem Pflanzendrink zu der Butter-Zucker-Mischung geben. Alles gut, aber so kurz wie möglich mit einem Schneebesen verrühren.

4. Die Erdbeeren waschen, entstielen und klein schneiden. Dann unter den Teig heben.

5. Teig in die vorbereitete Kastenform füllen und 45 Minuten im Ofen backen. Kuchen herausnehmen und gut auskühlen lassen.

Tipp:
Die Erdbeeren sollten am besten frisch sein.

Zitronenkuchen

ZUBEREITUNGSZEIT: 2½ STUNDEN

Für 1 Kastenform (20 x 11,5 cm)
Ergibt 10–12 Stücke

ZUTATEN:

FÜR DEN TEIG
160 g Zucker
70 g weiche vegane Butter
2 Bio-Zitronen
200 ml Pflanzendrink
280 g Mehl
½ TL Backpulver
1 TL Natron
1 Prise Salz
1 Pck. Vanillezucker

FÜR DEN GUSS
100 g Puderzucker
3 EL Zitronensaft

AUSSERDEM
1 Kastenform (20 x 11,5 cm)
Fett für die Form

1. Backofen auf 180 °C Umluft vorheizen.

2. Die Kastenform einfetten.

3. Für den Teig Zucker und die weiche vegane Butter in eine Schüssel geben und mit dem Handrührgerät einige Minuten lang rühren.

4. 1 Zitrone waschen, abtrocknen und die Schale abreiben. Schale zur Buttermischung geben.

5. Beide Zitronen auspressen und den Saft in einer Schüssel mit dem Pflanzendrink vermengen.

6. Mehl, Backpulver, Natron, Salz und Vanillezucker in einer weiteren Schüssel verrühren, dann abwechselnd mit dem Pflanzendrink zu der Butter-Zucker-Mischung geben. Alles gut, aber so kurz wie möglich mit einem Kochlöffel vermischen.

7. Teig in die vorbereitete Kastenform füllen und 45 Minuten im Ofen backen. Herausnehmen und Kuchen gut auskühlen.

8. Kuchen aus der Form nehmen und auf ein Kuchengitter setzen.

9. Für den Guss den Puderzucker in eine Schüssel geben und nach und nach mit dem Zitronensaft vermengen, sodass eine dickflüssige Masse entsteht. Guss auf dem Kuchen verteilen und trocknen lassen.

Tipp:

Du kannst für eine fruchtige Note 100 g Heidelbeeren unter den Teig heben oder auch 100 g Kokosraspel zugeben.

Apfel-Walnuss-Kuchen

ZUBEREITUNGSZEIT: 2½ STUNDEN

Für 1 Kastenform (25 x 30 cm)
Ergibt 15–17 Stücke

ZUTATEN:
2 Äpfel
50 g Walnusskerne
240 g weiche vegane Butter
180 g Zucker
350 g Mehl
2 TL Zimt
2 TL Backpulver
1 Prise Salz
120 g Apfelmus
120 ml Pflanzendrink
50 g Schokoladendrops

AUSSERDEM
1 Kastenform (25 x 30 cm)
Fett für die Form

1. Backofen auf 180 °C Umluft vorheizen.
2. Die Kastenform einfetten.
3. Die Äpfel schälen, entkernen und in eine Schüssel raspeln.
4. Die Walnusskerne klein hacken.
5. Die weiche vegane Butter mit dem Zucker in eine Schüssel geben und mit dem Handrührgerät verrühren.
6. Mehl, Zimt, Backpulver und Salz in einer separaten Schüssel vermischen. Nun abwechselnd die trockenen Zutaten, Apfelmus und Pflanzendrink zu der Butter-Zucker-Mischung geben und kurz mit einem Kochlöffel verrühren.
7. Die Walnüsse, die geraspelten Äpfel und die Schokodrops unter den Teig heben.
8. Den Teig in die vorbereitete Kastenform füllen und 50–55 Minuten im Ofen backen. Herausnehmen und abkühlen lassen.

Tipp:
Auch lecker: den Kuchen mit Schokolade überziehen.

Marzipankuchen

ZUBEREITUNGSZEIT: 3 STUNDEN

Für 1 Kastenform (20 x 11,5 cm)
Ergibt 10–12 Stücke

ZUTATEN:
300 g Mehl
150 g Zucker
1 TL Backpulver
1 Prise Salz
1 Pck. Vanillezucker
150 g Marzipanrohmasse
120 g weiche vegane Butter
300 ml Pflanzendrink
1 kleines Fläschchen Bittermandelaroma
ein kleiner Schluck Sprudelwasser
150 g Zartbitterschokolade

AUSSERDEM
1 Kastenform (20 x 11,5 cm)
Fett für die Form

1. Backofen auf 180 °C Ober-/Unterhitze vorheizen.
2. Die Kastenform einfetten.
3. Mehl, Zucker, 1 TL Backpulver, Salz und Vanillezucker in einer Schüssel vermischen.
4. Marzipan in einer Schüssel mit der weichen Butter verkneten, das funktioniert am besten mit den Händen. Nun abwechselnd die trockenen Zutaten, Pflanzendrink, Bittermandelaroma und Sprudelwasser zufügen und so kurz wie möglich mit einem Handrührgerät verrühren.
5. Den Teig in die vorbereitete Kastenform füllen, glatt streichen und 45–50 Minuten im Ofen backen. Herausnehmen und Kuchen gut auskühlen lassen.
6. Die Schokolade zerkleinern, in eine hitzebeständige Schüssel geben und in einem warmen Wasserbad schmelzen. Schüssel vom Wasserbad nehmen.
7. Kuchen aus der Form lösen und auf ein Kuchengitter setzen. Die Schokolade über den Kuchen streichen. Kuchen vom Kuchengitter nehmen und auf ein Backpapier setzen. Schokolade fest werden lassen.

Apfelmuskuchen

ZUBEREITUNGSZEIT: 2½ STUNDEN

Für 1 Kastenform
(20 x 11,5 cm)
Ergibt 10–12 Stücke

ZUTATEN:

FÜR DEN TEIG
50 g vegane Butter
270 g Mehl
160 g Zucker
1 TL Backpulver
1 Pck. Vanillezucker
1 Prise Salz
1 TL Zimt
160 ml Pflanzendrink
200 g Apfelmus

FÜR DEN GUSS
Saft von ½ Zitrone
100–150 g Puderzucker
1 TL Zimt

AUSSERDEM
1 Kastenform
(20 x 11,5 cm)
Fett für die Form

1. Backofen auf 180 °C Ober-/Unterhitze vorheizen.
2. Die Kastenform einfetten.
3. Die vegane Butter in einem Topf vorsichtig schmelzen.
4. Mehl, Zucker, Backpulver, Vanillezucker, Salz und Zimt in einer Schüssel vermischen. Die geschmolzene Butter mit dem Pflanzendrink und dem Apfelmus zugeben und alles kurz mit einem Schneebesen verrühren.
5. Den Teig in die Kastenform füllen und 45–50 Minuten im Ofen backen. Herausnehmen und abkühlen lassen.
6. Für den Zimtguss die Zitrone auspressen. Den Puderzucker in eine Schüssel sieben und mit so viel Zitronensaft vermischen, bis ein dickflüssiger Guss entsteht. Zum Schluss den Zimt einrühren.
7. Kuchen aus der Form lösen, auf ein Kuchengitter setzen und mit dem Guss überziehen, Guss vor dem Servieren fest werden lassen.

Möhrenkuchen

ZUBEREITUNGSZEIT: 1½ STUNDEN

Für 1 Springform
(Ø 22 cm)
Ergibt 10 Stücke

ZUTATEN:

FÜR DEN TEIG

170 g Zucker
110 g weiche vegane Butter
250 g Möhren
250 g Mehl
1 TL Backpulver
1 Prise Salz
1 Pck. Vanillezucker
1 TL Zimt
140 ml Pflanzendrink

FÜR DEN GUSS

100 g Puderzucker
3 EL Zitronensaft

AUSSERDEM

1 Springform (Ø 22 cm)
Backpapier/Fett und Mehl für die Form

1. Backofen auf 180 °C Ober-/Unterhitze vorheizen.
2. Die Springform mit Backpapier auslegen oder einfetten und mit Mehl ausstreuen.
3. Für den Teig Zucker und vegane Butter in einer Schüssel mit dem Handrührgerät vermengen.
4. Die Möhren schälen, putzen und in eine Schüssel raspeln, sodass 150–180 g geraspelte Möhre entstehen.
5. Mehl, Backpulver, Salz, Vanillezucker und Zimt in einer weiteren Schüssel vermischen. Die trockenen Zutaten abwechselnd mit dem Pflanzendrink zu der Butter-Zucker-Mischung geben. Alles kurz mit einem Handrührgerät vermengen. Der Teig hat eine feste Konsistenz. Die Möhren unterheben.
6. Teig in die vorbereitete Springform füllen und 40–45 Minuten im Ofen backen. Herausnehmen und Kuchen gut abkühlen.
7. Für den Guss den Puderzucker in eine Schüssel sieben und nach und nach mit dem Zitronensaft verrühren, sodass eine dickflüssige Masse entsteht.
8. Kuchen aus der Form lösen und auf ein Kuchengitter setzen.
9. Guss auf dem Kuchen verteilen und fest werden lassen.

Marmorkuchen

ZUBEREITUNGSZEIT: 1½ STUNDEN

Für 1 Kastenform
(20 x 11,5 cm)
Ergibt 10–12 Stücke

ZUTATEN:
240 g Mehl
2 TL Backpulver
1 Prise Salz
1 Pck. Vanillezucker
125 g vegane Butter
175 g Zucker
260 ml Pflanzendrink
30 g Backkakao
150 g Zartbitterschokolade

AUSSERDEM
1 Kastenform
(20 x 11,5 cm)
Backpapier/Butter und
Mehl für die Form

1. Backofen auf 180 °C Umluft vorheizen.

2. Die Kastenform mit Backpapier auslegen oder mit Butter einstreichen und mit Mehl ausstreuen.

3. Mehl, Backpulver, Salz und Vanillezucker in einer Schüssel vermischen.

4. Die vegane Butter und den Zucker in eine Schüssel geben und mit dem Handrührgerät vermengen. Anschließend abwechselnd 240 ml Pflanzendrink und die trockenen Zutaten dazugeben. Den Teig nur so lange mit einem Schneebesen rühren, bis eine homogene Masse entsteht.

5. Die Hälfte des Teigs in eine zweite Schüssel füllen und mit Backkakao und dem restlichen Pflanzendrink vermischen.

6. Zuerst den dunklen Teig in die Kastenform füllen, dann den hellen darauf verteilen.

7. Mit einem Stäbchen leicht durch den Teig ziehen.

8. Den Kuchen 50 Minuten im Ofen backen. Herausnehmen und vollständig auskühlen lassen.

9. Die Zartbitterschokolade zerkleinern, in eine hitzebeständige Schüssel geben und in einem warmen Wasserbad schmelzen. Schüssel vom Wasserbad nehmen.

10. Kuchen aus der Form lösen und auf ein Kuchengitter setzen. Schokolade über den Kuchen streichen. Den Kuchen vom Kuchengitter nehmen und auf ein Backpapier setzen. Schokolade fest werden lassen.

Tipp:

Du kannst in den Schokoladenteig noch ½ TL Spekulatiusgewürz einrühren, so bekommt der Kuchen eine weihnachtliche Geschmacksnote.
Wer mag, kann auch 50 g Schokodrops unter den Schokoteig heben.

Nusskuchen

ZUBEREITUNGSZEIT: 1½ STUNDEN

Für 1 Kastenform (20 cm)
Ergibt 10–12 Stücke

ZUTATEN:
2 EL geschrotete Leinsamen
6 EL heißes Wasser
185 g Mehl
180 g gemahlene Haselnüsse
1 ½ TL Backpulver
1 Pck. Vanillezucker
1 Prise Salz
135 ml Pflanzendrink
1 ½ EL Apfelessig
150 g weiche vegane Butter
185 g Zucker
150 g Zartbitterschokolade

AUSSERDEM
1 Kastenform (20 cm)
Backpapier/Fett und Mehl für die Form

1. Backofen auf 180 °C Ober-/Unterhitze vorheizen.
2. Die Kastenform mit Backpapier auslegen oder einfetten und mit Mehl ausstreuen.
3. Die geschroteten Leinsamen in einer Schüssel mit dem heißen Wasser vermengen und zum Quellen zur Seite stellen.
4. Mehl, gemahlene Haselnüsse, Backpulver, Vanillezucker und Salz in einer Schüssel vermischen.
5. Den Pflanzendrink in einer Schüssel mit dem Apfelessig vermengen.
6. Die weiche vegane Butter mit dem Zucker in eine Schüssel geben und mit dem Handrührgerät verrühren. Nun abwechselnd den Pflanzendrink und die trockenen Zutaten zugeben. Alles kurz mit einem Handrührgerät vermischen.
7. Zuletzt die Leinsamen unterheben.
8. Den Teig in die vorbereitete Kastenform füllen und 50 Minuten im Ofen backen. Herausnehmen und den Kuchen vollständig auskühlen lassen.
9. Die Zartbitterschokolade zerkleinern, in eine hitzebeständige Schüssel geben und in einem warmen Wasserbad schmelzen. Schüssel vom Wasserbad nehmen.
10. Kuchen aus der Form lösen und auf ein Kuchengitter setzen. Schokolade über den Kuchen streichen. Den Kuchen vom Kuchengitter nehmen und auf ein Backpapier setzen. Schokolade fest werden lassen.

Tipp:

Für einen Schoko-Nuss-Kuchen kannst du 100 g Schokodrops vor dem Backen unter den Teig heben.

Mohn-Limetten-Kuchen

ZUBEREITUNGSZEIT: 2 STUNDEN

Für 1 Kastenform
(20 x 11,5 cm)
Ergibt 10–12 Stücke

ZUTATEN:

FÜR DEN TEIG
1 Bio-Limette
200 ml Pflanzendrink
70 g weiche vegane Butter
160 g Zucker
300 g Mehl
40 g gemahlener Mohn
1 TL Natron
1 Prise Salz
1 Pck. Vanillezucker

FÜR DEN GUSS
125 g Puderzucker
Saft von ½ Limette

AUSSERDEM
1 Kastenform
(20 x 11,5 cm)
Backpapier/Fett und Mehl für die Form

1. Backofen auf 180 °C Ober-/Unterhitze vorheizen.

2. Die Kastenform mit Backpapier auslegen oder einfetten und mit Mehl ausstreuen.

3. Die Limette waschen, abtrocknen und die Schale abreiben. Den Saft auspressen.

4. Den Pflanzendrink in einer Schüssel mit dem Limettensaft vermischen.

5. Für den Teig die weiche Butter mit dem Zucker und dem Abrieb der Limette in eine Schüssel geben und mit dem Handrührgerät verrühren.

6. Zucker, Mehl, gemahlenen Mohn, Natron, Salz und Vanillezucker in einer Schüssel vermischen. Die trockenen Zutaten abwechselnd mit dem Pflanzendrink zu der Butter-Zucker-Mischung geben.

7. Den Teig in die Kastenform füllen und 50 Minuten im Ofen backen. Herausnehmen und den Kuchen vollständig abkühlen lassen.

8. Für den Guss den Puderzucker in eine Schüssel sieben und mit dem Limettensaft zu einer dickflüssigen Masse verrühren.

9. Kuchen aus der Form lösen und auf ein Kuchengitter setzen. Den Guss auf den Kuchen streichen und fest werden lassen.

Sandkuchen

ZUBEREITUNGSZEIT: 1½ STUNDEN

Für 1 Kastenform
(20 x 11,5 cm)
Ergibt 10–12 Stücke

ZUTATEN:
130 g vegane Butter
270 g Mehl
1 TL Backpulver
150 g Zucker
1 Pck. Vanillezucker
1–2 Tropfen Zitronenaroma
1 Prise Salz
220 ml Pflanzendrink

AUSSERDEM
1 Kastenform (20 x 11,5 cm)
Backpapier/Butter und Mehl für die Form
Puderzucker zum Bestreuen

1. Backofen auf 180 °C Ober-/Unterhitze vorheizen.

2. Die Kastenform mit Backpapier auslegen oder mit Butter einstreichen und mit Mehl ausstreuen.

3. Die vegane Butter in einem Topf vorsichtig schmelzen.

4. Mehl, Backpulver, Zucker, Vanillezucker, Zitronenaroma und Salz in einer Schüssel vermischen. Die geschmolzene Butter und den Pflanzendrink zugeben und alles kurz mit einem Schneebesen verrühren.

5. Den Teig in die Kastenform füllen und 30 Minuten im Ofen backen. Herausnehmen und den Kuchen vollständig abkühlen lassen.

6. Kuchen kurz vor dem Servieren mit Puderzucker bestäuben.

Johannisbeerkuchen mit Streuseln

ZUBEREITUNGSZEIT: 1½ STUNDEN

Für 1 Springform (Ø 20 cm)
Ergibt 8–10 Stücke

ZUTATEN:

FÜR DEN BELAG
200 g Johannisbeeren
50 g Zucker
1 EL Speisestärke

FÜR DEN TEIG
180 g Zucker
200 g vegane Butter
340 g Mehl
1 TL Backpulver
1 Pck. Vanillezucker
1 Prise Salz

AUSSERDEM
1 Springform (Ø 20 cm)
Backpapier
Puderzucker zum Bestreuen

1. Backofen auf 180 °C Ober-/Unterhitze vorheizen.
2. Die Springform mit Backpapier auslegen.
3. Die Johannisbeeren waschen, von den Rispen abstreifen und in einer Schüssel mit dem Zucker und der Speisestärke vermengen.
4. Für den Teig Zucker, vegane Butter, Mehl, Backpulver, Vanillezucker und Salz in einer Schüssel mit der Hand verkneten, bis ein homogener Teig entsteht. 120 g Teig zur Seite legen.
5. Den restlichen Teig in die vorbereitete Form geben und mit den Fingern platt drücken. Die Johannisbeermischung darauf verteilen, dabei einen 1 cm breiten Rand zwischen Backform und Johannisbeeren frei lassen.
6. Den restlichen Teig als Streusel auf die Johannisbeeren streuen.
7. Kuchen 30–35 Minuten im Ofen backen. Herausnehmen und gut auskühlen lassen.
8. Kuchen kurz vor dem Servieren mit Puderzucker bestäuben.

Stracciatellakuchen

ZUBEREITUNGSZEIT: 1½ STUNDEN

Für 1 Kastenform
(20 x 11,5 cm)
Ergibt 10–12 Stücke

ZUTATEN:
½ Bio-Zitrone
210 ml Pflanzendrink
50 g vegane Butter
270 g Mehl
180 g Zucker
1 TL Natron
1 Prise Salz
1 Pck. Vanillezucker
100 g Schokoraspel
150 g Zartbitterschokolade

AUSSERDEM
1 Kastenform
(20 x 11,5 cm)
Fett für die Form

1. Backofen auf 180 °C Umluft vorheizen.
2. Die Kastenform einfetten.
3. Die Zitrone waschen, abtrocknen und die Schale abreiben. Den Saft auspressen.
4. Den Pflanzendrink in einer Schüssel mit Zitronensaft und -abrieb vermengen.
5. Die vegane Butter in einem Topf vorsichtig schmelzen.
6. Mehl, Zucker, Natron, Salz und Vanillezucker in einer Schüssel vermengen.
7. Den Pflanzendrink und die geschmolzene Butter zu den trockenen Zutaten geben und kurz mit einem Schneebesen verrühren. Schokoraspel unterheben.
8. Teig in die vorbereitete Kastenform füllen und 45 Minuten im Ofen backen. Herausnehmen und den Kuchen gut auskühlen lassen.
9. Die Schokolade zerkleinern, in eine hitzebeständige Schüssel geben und in einem warmen Wasserbad schmelzen. Schüssel vom Wasserbad nehmen.
10. Kuchen aus der Form lösen und auf ein Kuchengitter setzen. Schokolade über den Kuchen streichen. Kuchen vom Kuchengitter nehmen und auf ein Backpapier setzen. Schokolade fest werden lassen.

Kalter Hund

ZUBEREITUNGSZEIT: 2 STUNDEN

Für 1 Kastenform (20 x 11,5 cm)
Ergibt 10 Stücke

ZUTATEN:
600 g Zartbitterschokolade
110 g Kokosfett
200 g vegane Sahne
1 Pck. Vanillezucker
300 g vegane Butterkekse

AUSSERDEM
1 Kastenform (20 x 11,5 cm)
Backpapier

1. Die Kastenform mit Backpapier auslegen.
2. Die Schokolade grob zerkleinern, mit dem Kokosfett in eine hitzebeständige Schüssel geben und in einem warmen Wasserbad schmelzen. Schüssel vom Wasserbad nehmen.
3. Die vegane Sahne mit dem Vanillezucker in einem Topf aufkochen, dann mit der Schokolade verrühren, bis eine homogene Masse entsteht.
4. Die Kastenform mit einer Schicht Butterkeksen auslegen. So viel Schokomasse auf den Keksen verteilen, dass diese damit bedeckt sind. Nun abwechselnd Kekse und Schokomasse in die Form schichten, bis alles verbraucht ist.
5. Die Kastenform mindestens 4 Stunden, am besten über Nacht, in den Kühlschrank stellen.
6. Den Kuchen vorsichtig aus der Form holen und vor dem Servieren einige Minuten bei Raumtemperatur stehen lassen.

Tipp:
Statt der Butterkekse eignen sich auch Oreo- oder Spekulatiuskekse. Wer mag, verfeinert den Kuchen mit Orangenaroma und Alkohol nach Belieben.

Bananenbrot

ZUBEREITUNGSZEIT: 1½ STUNDEN

Für 1 Kastenform (20 x 11,5 cm)
Ergibt 10–12 Stücke

ZUTATEN:
3 kleine oder 2 große Bananen (260 g)
180 g Mehl
1 TL Backpulver
1 Prise Salz
1 Pck. Vanillezucker
½ TL Zimt
100 g weiche vegane Butter
120 g Zucker

AUSSERDEM
1 Kastenform (20 x 11,5 cm)
Backpapier/Fett und Mehl für die Form

1. Backofen auf 180 °C Ober-/Unterhitze vorheizen.
2. Die Kastenform mit Backpapier auslegen oder einfetten und mit Mehl bestreuen.
3. Die Bananen schälen, in eine Schüssel geben und mit einer Gabel zerdrücken.
4. Mehl, Backpulver, Salz, Vanillezucker und Zimt in einer Schüssel vermischen.
5. Die weiche Butter mit dem Zucker in eine Schüssel geben und mit dem Handrührgerät vermengen. Anschließend abwechselnd die trockenen Zutaten und die Bananen zu der Butter-Zucker-Mischung geben und alles kurz mit einem Handrührgerät verrühren.
6. Den Teig in die vorbereitete Form füllen und 55 Minuten im Ofen backen.
7. Das Bananenbrot aus dem Ofen nehmen, vollständig abkühlen lassen und erst dann aus der Form lösen.

Tipp:
Das Bananenbrot lässt sich mit gehackten Walnüssen oder Schokodrops noch verfeinern.

Gedeckter Apfelkuchen

ZUBEREITUNGSZEIT: 2 STUNDEN

Für 1 Springform
(Ø 22 cm)
Ergibt 10–12 Stücke

ZUTATEN:

FÜR DEN TEIG
310 g Mehl
140 g Zucker
1 Prise Salz
1 Pck. Vanillezucker
150 g vegane Butter

FÜR DEN BELAG
600 g Äpfel
20 ml Zitronensaft
60 g Zucker
1 Pck. Vanillezucker
½ TL Zimt
2 EL Speisestärke

FÜR DEN GUSS/DIE GARNIERUNG
100 g Puderzucker
20 ml Zitronensaft
50 g Mandelblättchen

AUSSERDEM
1 Springform (Ø 22 cm)
Fett für die Form
Mehl für die Arbeitsfläche

1. Für den Teig Mehl, Zucker, Salz und Vanillezucker in einer Schüssel vermischen. Die Butter in Stückchen dazugeben und alles mit der Hand zu einem glatten Teig verkneten. Den Teig zugedeckt 30 Minuten kalt stellen.

2. Backofen auf 180 °C Ober-/Unterhitze vorheizen.

3. Die Äpfel schälen, entkernen und in kleine Stücke schneiden. In eine Schüssel geben und mit Zitronensaft, Zucker, Vanillezucker, Zimt und Speisestärke vermengen.

4. Die Springform einfetten. Die Hälfte des Teiges auf der bemehlten Arbeitsfläche ausrollen und die Springform damit auskleiden, dabei einen 3 cm hohen Rand bilden.

5. Die Apfelmasse auf dem Boden verteilen.

6. Den restlichen Teig ebenfalls ausrollen, als Deckel auf die Apfelfüllung geben und die Ränder gut andrücken.

7. Kuchen 40 Minuten im Ofen backen. Herausnehmen und abkühlen lassen.

8. Für den Guss den Puderzucker in eine Schüssel sieben und mit dem Zitronensaft vermischen, sodass ein dickflüssiger Guss entsteht.

9. Den Kuchen aus der Form lösen und auf eine Kuchenplatte setzen. Mit dem Guss bestreichen und mit Mandelblättchen bestreuen.

Tipp:

Zum Verfeinern der Füllung ein paar Rosinen zugeben.

Kirschkuchen mit Marzipanstreuseln

ZUBEREITUNGSZEIT: 2 STUNDEN

Für 1 Springform (Ø 20 cm)
Ergibt 8–10 Stücke

ZUTATEN:

FÜR DEN BELAG
350 g entsteinte Schattenmorellen aus dem Glas
40 g Speisestärke
60 g Zucker
1 Pck. Vanillezucker
1 TL Zimt
100 g Marzipanrohmasse

FÜR DEN TEIG
300 g Mehl
120 g Zucker
150 g vegane Butter
1 TL Backpulver
4 EL kaltes Wasser
1 Pck. Vanillezucker
1 Prise Salz

AUSSERDEM
1 Springform (Ø 20 cm)
Backpapier

1. Für den Belag die Schattenmorellen in ein Sieb abgießen und abtropfen lassen, dabei den Saft auffangen. 300 ml Saft abmessen. 3–4 EL Kirschsaft in einer Schüssel mit der Speisestärke verrühren.

2. Den restlichen Kirschsaft mit dem Zucker, dem Vanillezucker und dem Zimt in einem Topf zum Kochen bringen. Die angerührte Speisestärke zugeben und Mischung unter Rühren 2 Minuten köcheln lassen. Die Kirschen unter die Masse heben und abkühlen lassen.

3. Backofen auf 180 °C Ober-/Unterhitze vorheizen.

4. Die Springform mit Backpapier auslegen.

5. Für den Teig Mehl, Zucker, vegane Butter, Backpulver, Wasser, Vanillezucker und Salz in einer Schüssel mit einem Handrührgeräte mit Knethaken kneten, bis ein homogener Teig entsteht. 120 g Teig zur Seite legen.

6. Den restlichen Teig in die Springform geben, mit den Fingern am Boden platt drücken und dabei einen 2 cm hohen Rand bilden.

7. Die Kirschmasse auf dem Boden verteilen.

8. Den restlichen Teig in einer Schüssel mit dem Marzipan verkneten (per Hand) und als Streusel auf den Kirschen verteilen.

9. Kuchen 35 Minuten im Ofen backen. Herausnehmen und gut auskühlen lassen.

Ahornsirup-Walnuss-Kuchen

ZUBEREITUNGSZEIT: 1½ STUNDEN

Für 1 Kastenform
(20 x 11,5 cm)
Ergibt 10–12 Stücke

ZUTATEN:

FÜR DEN TEIG
- 1 EL geschrotete Leinsamen
- 3 EL heißes Wasser
- 50 g Walnusskerne
- 90 g weiche vegane Butter
- 240 g Mehl
- 80 g Zucker
- 1 Pck. Vanillezucker
- 1 ½ TL Backpulver
- 1 EL Natron
- 1 Prise Salz
- 190 ml Ahornsirup
- 100 ml Mandeldrink

FÜR DEN GUSS
- 150 g Puderzucker
- 40 ml Ahornsirup

AUSSERDEM
- 1 Kastenform (20 x 11,5 cm)
- Fett für die Form

1. Backofen auf 180 °C Ober-/Unterhitze vorheizen.
2. Die Kastenform einfetten.
3. Die Leinsamen in einer Schüssel mit dem heißen Wasser vermengen und quellen lassen.
4. Die Walnüsse klein hacken. Die Butter in einem Topf vorsichtig schmelzen.
5. Mehl, Zucker, Vanillezucker, Backpulver, Natron und Salz in einer Schüssel vermischen.
6. Ahornsirup, Mandeldrink, Leinsamenmasse und Butter mit den trockenen Zutaten mit einem Schneebesen vermengen. Die Walnüsse unterheben.
7. Den Teig in die Kastenform füllen und 30 Minuten im Ofen backen. Herausnehmen und den Kuchen vollständig abkühlen lassen.
8. Für den Guss den Puderzucker in eine Schüssel sieben und mit dem Ahornsirup vermengen.
9. Kuchen aus der Form lösen und auf ein Kuchengitter setzen. Guss auf den Kuchen streichen und fest werden lassen.

Kleingebäck

Muffins mit Heidelbeeren

ZUBEREITUNGSZEIT: 1 STUNDE

Für 1 Muffinform mit 12 Mulden

ZUTATEN:
45 g vegane Butter
160 g Zucker
225 g Mehl
1 TL Backpulver
1 Pck. Vanillezucker
1 Prise Salz
225 ml Pflanzendrink
100–150 g Heidelbeeren

AUSSERDEM
1 Muffinform mit 12 Mulden
Fett für die Form

1. Backofen auf 180 °C Ober-/Unterhitze vorheizen.
2. Die Muffinform einfetten.
3. Die vegane Butter in einem Topf vorsichtig schmelzen und kurz abkühlen lassen.
4. Zucker, Mehl, Backpulver, Vanillezucker und Salz in einer Schüssel vermischen. Anschließend den Pflanzendrink und die geschmolzene Butter dazugeben und kurz mit einem Schneebesen verrühren.
5. Die Heidelbeeren waschen, verlesen und unter den Teig heben.
6. Die Mulden der Muffinform zu ⅔ mit Teig füllen.
7. Muffins in den Ofen schieben und 20 Minuten backen. Herausnehmen und abkühlen lassen.

Tipp:
Anstelle der Heidelbeeren kannst du auch Himbeeren, Brombeeren oder andere Beeren nehmen.

Berliner

ZUBEREITUNGSZEIT: 3 STUNDEN

Ergibt 10–12 Berliner

ZUTATEN:
450 g Mehl
½ Würfel frische Hefe (21 g) oder 1 Pck. Trockenhefe
220 ml Pflanzendrink
60 g Zucker
1 Prise Salz
50 g vegane Butter
150 g Marmelade nach Wahl

AUSSERDEM
Mehl für die Arbeitsfläche und das Blech
Pflanzenöl zum Frittieren
Zucker und Puderzucker zum Bestreuen

1. Das Mehl in eine Schüssel geben und eine kleine Mulde in die Mitte drücken. Die Hefe in die Mulde bröseln.

2. Den Pflanzendrink in einem Topf auf circa 35 °C erwärmen und mit 20 g Zucker in die Mulde gießen. Alles gut mit dem Handrührgerät vermengen. Teig mit einem Tuch bedeckt 10 Minuten gehen lassen.

3. In der Zwischenzeit die Butter in einem Topf vorsichtig schmelzen.

4. Den restlichen Zucker, das Salz und die geschmolzene Butter zum Teig geben und alles gut durchkneten, bis der Teig nicht mehr klebt.

5. Teig auf einer bemehlte Arbeitsfläche noch mal durchkneten, dann weitere 20 Minuten ruhen lassen.

6. Danach 10–12 kleinen Kugeln aus dem Teig formen.

7. Auf ein Backblech ein Tuch legen und dieses mit Mehl bestäuben. Die Teigkugeln daraufsetzen, mit einem Tuch bedecken und an einem warmen Ort weitere 30 Minuten gehen lassen.

8. In den letzten Minuten der Gehzeit ausreichend Frittierfett in einem großen Topf auf 175–180 °C erhitzen. Am besten mit einem Backthermometer kontrollieren.

9. Die Teiglinge portionsweise mithilfe eines Schaumlöffels ins Fett gleiten lassen, hierbei sollte die Oberfläche der Berliner nach unten zeigen. Sofort einen Deckel auf den Topf setzen und Berliner circa 2 Minuten backen. Durch den Deckel kann sich im Topf Dampf bilden, sodass die Teighaut geschmeidig bleibt und das gewünschte Volumen entsteht.

10. Nun die Teiglinge wenden und Unterseiten weitere 2 Minuten backen. Dabei den Deckel nicht wieder aufsetzen, da sonst die obere Kruste durchweicht.

11. Beide Seiten der Berliner noch einmal jeweils 1 Minute backen. Wenn die Berliner einen hellen Streifen an der Seite haben, einmal kurz komplett ins Fett tauchen, damit der weiße Streifen stabil wird und nicht zusammenfällt.

12. Berliner mit dem Schaumlöffel aus dem Fett heben, auf ein Gitter setzen und abtropfen lassen.

13. Vorgang wiederholen, bis alle Teiglinge gebacken sind.

14. Die Marmelade in einen Spritzbeutel mit Tülle geben. Die Füllung jeweils seitlich in die noch lauwarmen Berliner stechen und die Marmelade einspritzen.

15. Die Berliner noch lauwarm in Zucker tunken und danach mit Puderzucker bestäuben. Dadurch fällt der Puderzucker nicht so schnell von der Oberfläche ab.

16. Die Berliner am besten frisch servieren.

Tipp:

Die Berliner lassen sich auch super mit Vanillepudding oder Schokoladencreme füllen.
Sind die Berliner zu fettig, dann war das Fett zum Ausbacken zu kalt. So schließen sich die Poren nicht und die Berliner saugen sich mit Fett voll.
Die Berliner können auch im Backofen zubereitet werden. Hierfür Teiglingen auf ein mit Backpapier belegtes Backblech setzen, mit Pflanzendrink bestreichen und 15–20 Minuten bei 180 °C Umluft im Ofen backen.

Amerikaner

ZUBEREITUNGSZEIT: 1 STUNDE

Ergibt 8–10 kleine Amerikaner

ZUTATEN:

FÜR DEN TEIG

55 g vegane Butter
130 g Mehl
50 g Zucker
20 g Speisestärke
1 ½ TL Backpulver
1 Prise Salz
1 Pck. Vanillezucker
25 g Apfelmus
65 ml Pflanzendrink

FÜR DEN GUSS

100 g Zartbitterschokolade
150 g Puderzucker
Saft von ½ Zitrone

AUSSERDEM

2 Backbleche
Backpapier
1 Spritzbeutel
1 Lochtülle

1. Backofen auf 180 °C Ober-/Unterhitze vorheizen.
2. 2 Backbleche mit Backpapier auslegen.
3. Die vegane Butter in einem Topf schmelzen.
4. Mehl, Zucker, Speisestärke, Backpulver, Salz und Vanillezucker in einer Schüssel vermischen.
5. Apfelmus, Pflanzendrink und vegane Butter dazugeben und alles kurz mit einem Schneebesen verrühren.
6. Den Teig in einen Spritzbeutel mit Lochtülle füllen und 8–10 circa 4 cm große Teigkreise mit Abstand zueinander auf die Backbleche spritzen.
7. Bleche nacheinander in den Ofen schieben und Amerikaner 15 Minuten backen. Herausnehmen und auf einem Kuchengitter abkühlen lassen.
8. Die Schokolade zerkleinern, in eine hitzebeständige Schüssel geben und in einem warmen Wasserbad schmelzen. Schüssel vom Wasserbad nehmen.
9. Den Puderzucker in eine Schüssel sieben und mit dem Zitronensaft zu einem dickflüssigen Guss verrühren.
10. Die Amerikaner mit Schokoladen- oder Zitronenguss bestreichen und Guss vor dem Servieren trocknen lassen.

Quarkbällchen

ZUBEREITUNGSZEIT: 2 STUNDEN

Ergibt 20 kleine Quarkbällchen

ZUTATEN:
120 ml Pflanzendrink
1 EL Apfelessig
200 g veganer Quark
140 g Zucker
1 Pck. Vanillezucker
290 g Mehl
1 Pck. Backpulver oder 2 TL Natron
1 Prise Salz

AUSSERDEM
Pflanzenöl zum Frittieren
Zimtzucker

1. Den Pflanzendrink in einer Schüssel mit dem Apfelessig vermischen.

2. Den veganen Quark, Zucker und Vanillezucker zugeben und mit dem Kochlöffel verrühren.

3. Mehl, Backpulver und Salz zufügen und alles kurz verrühren. Der Teig hat eine feste, aber noch flüssige Konsistenz.

4. In einem großen Topf ausreichend Öl auf 140 °C erhitzen (mit einem Backthermometer kontrollieren, damit die Bällchen gelingen). Der Topf sollte so viel Öl enthalten, dass die Quarkbällchen beim Frittieren schwimmen und nicht auf dem Boden ansetzen, da sie dort sonst anbrennen.

5. Mit 2 Teelöffeln jeweils etwas Teig abnehmen und zu einer Kugel formen. Bällchen in das Öl gleiten lassen. Der Teig sollte langsam braun werden und nur bis circa zur Hälfte im Fett schwimmen. Ist das Fett zu heiß ist, werden die Quarkbällchen schnell braun und sind innen noch flüssig.

6. Wenn die Quarkbällchen auf der einen Seite schön gleichmäßig braun sind, wenden und von der anderen Seite frittieren.

7. Bällchen mit dem Schaumlöffel aus dem Fett heben, ein wenig abtropfen lassen und dann im Zimtzucker wälzen. Vorgang wiederholen, bis der Teig aufgebraucht ist.

Zimtschnecken

ZUBEREITUNGSZEIT: 2 STUNDEN

Ergibt 15–20 kleine Zimtschnecken

ZUTATEN:

FÜR DEN TEIG
225 g Mehl
30 g Zucker
¼ Würfel frische Hefe (10 g)
1 Prise Salz
1 Pck. Vanillezucker
120 ml Pflanzendrink
25 g vegane Butter

FÜR DIE FÜLLUNG
30 g weiche vegane Butter
1 TL Zimt
30–40 g Zucker

FÜR DEN GUSS
100 g Puderzucker
3 EL Zitronensaft

AUSSERDEM
Mehl für die Arbeitsfläche
1 Backblech
Backpapier

1. Für den Teig Mehl, Zucker, Hefe, Salz und Vanillezucker in einer Schüssel vermischen.

2. Den Pflanzendrink und die vegane Butter in einem Topf erwärmen, bis die Butter geschmolzen ist. Mischung zu den trockenen Zutaten geben und alles mit einem Handrührgerät mit Knethaken verkneten, bis der Teig nicht mehr klebt.

3. Teig zugedeckt an einem warmen Ort 1 Stunde gehen lassen.

4. Den Teig noch einmal durchkneten und auf einer bemehlten Arbeitsfläche zu einem Rechteck ausrollen.

5. Für die Füllung zunächst die weiche vegane Butter auf den Teig streichen.

6. Zimt und Zucker in einer Schüssel vermischen und auf den Teig streuen.

7. Den Teig von einer langen Seite aus fest aufrollen und dann in 15–20 gleich große Stücke schneiden.

8. Ein Backblech mit Backpapier auslegen, die Zimtschnecken daraufsetzen und weitere 20 Minuten gehen lassen.

9. Währenddessen den Backofen auf 180 °C Umluft vorheizen.

10. Zimtschnecken in den Ofen schieben und 10–12 Minuten backen. Herausnehmen und abkühlen lassen.

11. Für den Guss den Puderzucker in eine Schüssel sieben und mit dem Zitronensaft zu einem dickflüssigen Guss verrühren.

12. Den Guss auf den Zimtschnecken verteilen und fest werden lassen.

Tipp:

Wer will, kann vor dem Aufrollen des Teiges noch geraspelten Apfel auf dem Zimtzucker verteilen und so Apfel-Zimtschnecken machen.

Mandelhörnchen

ZUBEREITUNGSZEIT: 1½ STUNDEN

Ergibt 12–15 Hörnchen

ZUTATEN:
100 g Mehl
100 g gemahlene Mandeln
½ TL Backpulver
1 Pck. Vanillezucker
20 g Speisestärke
1 Prise Salz
200 g Marzipanrohmasse
100 g Zucker
100 ml Mandeldrink
½ kleines Fläschchen Bittermandelaroma (optional)
150 g Mandelblättchen
200 g Zartbitterschokolade

AUSSERDEM
1 Backblech
Backpapier

1. Backofen auf 180 °C Umluft vorheizen.

2. Das Backblech mit Backpapier belegen.

3. Mehl, gemahlene Mandeln, Backpulver, Vanillezucker, Speisestärke und Salz in einer Schüssel vermischen.

4. Marzipan in die Schüssel raspeln, Zucker und Mandeldrink zugeben und alles mit der Hand verkneten, bis keine Marzipanstückchen mehr zu erkennen sind. Optional das Bittermandelaroma zugeben und erneut verkneten.

5. Nun die Mandelblättchen auf der Arbeitsfläche verteilen. 1 EL Teig abnehmen und auf den Mandelblättchen zu einem Strang rollen. Aus dem Strang ein kleines Hörnchen formen und dieses auf das Backblech setzen. Vorgang wiederholen, bis der Teig aufgebraucht ist.

6. Blech in den Ofen schieben und Hörnchen je nach Größe 10–12 Minuten backen. Herausnehmen und gut auskühlen lassen.

7. Die Schokolade zerkleinern, in eine hitzebeständige Schüssel geben und in einem warmen Wasserbad schmelzen. Schüssel vom Wasserbad nehmen und die Enden der Hörnchen in Schokolade tunken.

Tipp:
Zum Formen der Marzipanhörnchen, die Hände am besten mit ein bisschen Wasser befeuchten.

Johannisbeer-Streuseltaler

ZUBEREITUNGSZEIT: 1½ STUNDEN

Ergibt 8–10 Taler

ZUTATEN:

FÜR DEN TEIG
225 g Mehl
30 g Zucker
1 Prise Salz
¼ Würfel frische Hefe (10 g) oder ½ Pck. Trockenhefe
1 Pck. Vanillezucker
130 ml Pflanzendrink
30 g vegane Butter

FÜR DEN BELAG
50 g Mehl
25 g Zucker
35 g vegane Butter
1 Prise Salz
1 Pck. Vanillezucker
3–4 Rispen Johannisbeeren

FÜR DEN GUSS
100–150 g Puderzucker
Saft von ½ Zitrone

AUSSERDEM
2 Backbleche
Backpapier

1. Mehl, Zucker, Salz, Hefe und Vanillezucker in einer Schüssel vermischen.

2. Den Pflanzendrink mit der veganen Butter in einem Topf erwärmen, bis die Butter geschmolzen ist. Mischung zu den trockenen Zutaten geben und mit einem Handrührgerät mit Knethaken verkneten, bis der Teig nicht mehr klebt.

3. Teig zugedeckt an einem warmen Ort circa 1 Stunde gehen lassen.

4. In der Zwischenzeit die Streusel vorbereiten. Mehl, Zucker, Butter, Salz und Vanillezucker in einer Schüssel mit der Hand zu Streuseln verkneten.

5. Backofen auf 180 °C Umluft vorheizen.

6. 2 Backbleche mit Backpapier auslegen.

7. Wenn der Teig aufgegangen ist, in 8–10 Stücke aufteilen. Die Teiglinge zu Kugeln formen, platt drücken und auf die Backbleche setzen.

8. Johannisbeeren waschen und von den Rispen streifen. Abwechselnd Streusel und Johannisbeeren auf den Talern verteilen. Die Bleche in den Ofen schieben und Taler 15–20 Minuten backen. Herausnehmen und gut auskühlen lassen.

9. Den Puderzucker in eine Schüssel sieben und mit dem Zitronensaft zu einem dickflüssigen Guss verrühren. Die Taler mit dem Guss verzieren und Guss trocknen lassen.

10. Taler am besten frisch verzehren.

Apfeltaschen

ZUBEREITUNGSZEIT: 1 STUNDE

Ergibt 4 Taschen

ZUTATEN:
1 Packung Blätterteig
1 Apfel
1 TL Zimt
20 g Zucker
40 ml Wasser
1 TL Speisestärke
100 g Puderzucker
20 ml Zitronensaft
50 g Mandelblättchen

AUSSERDEM
1 Backblech
Backpapier

1. Backofen auf 200 °C Umluft vorheizen.
2. Das Backblech mit Backpapier auslegen.
3. Den Blätterteig ausrollen und in 8 gleich große Rechtecke schneiden
4. Den Apfel waschen, entkernen und in kleine Stücke schneiden. In einer Schüssel mit Zimt und Zucker vermengen.
5. Wasser und Speisestärke in einem Topf verrühren und kurz aufkochen lassen, anschließend den Apfel untermengen und 2 Minuten köcheln lassen.
6. Die Apfelmasse auf 4 Teigstücken verteilen, dabei den Rand aussparen. Nun jeweils 1 Teigstück als Deckel auflegen. Mit einer Gabel den Rand festdrücken. Taschen auf das Backblech setzen und jeweils drei Mal an der Oberfläche einschneiden.
7. Blech in den Ofen schieben und Blätterteigtaschen 15 Minuten backen. Herausnehmen und kurz abkühlen lassen.
8. Den Puderzucker in eine Schüssel sieben und mit dem Zitronensaft zu einem dickflüssigen Guss verrühren. Die Apfeltaschen mit dem Guss bestreichen und mit Mandelblättchen bestreuen. Vor dem Servieren den Guss trocknen lassen.

Tipp:

Die Blätterteigtaschen am besten mit Vanilleeis oder Vanillesoße servieren.

Nougatringe

ZUBEREITUNGSZEIT: 3 STUNDEN

Ergibt 10 Ringe

ZUTATEN:

FÜR DEN TEIG

150 g Mehl
150 g vegane Butter
75 g Puderzucker
75 g gemahlene Haselnüsse
1 Prise Salz
1 Pck. Vanillezucker

ZUM GARNIEREN

300 g Nougat
150 g weiche vegane Butter
200 g Zartbitterschokolade

AUSSERDEM

1 Backblech
Backpapier
Mehl für die Arbeitsfläche
2 runde Ausstecher (Ø 8 und 4 cm)
1 Spritzbeutel
1 Lochtülle

1. Mehl, vegane Butter, Puderzucker, gemahlene Haselnüsse, Salz und Vanillezucker in einer Schüssel mit der Hand verkneten, bis ein homogener Teig entsteht. Den Teig 30 Minuten kalt stellen.

2. Backofen auf 180 °C Umluft vorheizen.

3. Das Backblech mit Backpapier auslegen.

4. Den Teig auf einer bemehlten Arbeitsfläche ausrollen. Mit dem großen Ausstecher 10 Kreise ausstechen. Dann mit dem kleinen Ausstecher jeweils in der Mitte ein Loch ausstechen. Ringe auf das Backblech setzen und 8–10 Minuten im Ofen backen. Herausnehmen und Ringe gut auskühlen lassen.

5. Den Nougat in einer Schüssel im Wasserbad vorsichtig erwärmen. Wichtig ist, ihn nur ganz leicht zu erwärmen, da er ansonsten nicht wieder fest wird.

6. Die weiche vegane Butter mit dem Nougat in eine Schüssel geben und mit dem Handrührgerät gründlich verrühren, bis eine hellbraune Creme entsteht.

7. Die Masse in einen Spritzbeutel mit Lochtülle füllen und gleichmäßig auf die Ringe spritzen.

8. Nougatringe kalt stellen, bis die Nougatmasse fest ist.

9. Die Schokolade zerkleinern, in eine hitzebeständige Schüssel geben und in einem warmen Wasserbad schmelzen. Schüssel vom Wasserbad nehmen.

10. Die obere Seite der Nougatringe kurz in die Schokolade tauchen, gut abtropfen lassen und am besten auf einen Bogen Backpapier legen und Schokolade trocknen lassen.

Tipp:

Wer keine Ausstecher hat, kann alternativ ein Trinkglas und ein Schnapsglas nehmen.
Du kannst die Nougatringe auch auf ein Gitter legen und die Schokolade darüberlaufen lassen.

Schokocookies

ZUBEREITUNGSZEIT: 45 MINUTEN

Ergibt 16 Cookies

ZUTATEN:
135 g Mehl
30 g Backkakao
½ TL Backpulver
1 Prise Salz
1 Pck. Vanillezucker
130 g Zartbitterschokolade
50 g vegane Butter
140 g Zucker
50 ml Wasser
50 g Schokodrops

AUSSERDEM
2 Backbleche
Backpapier

1. Backofen auf 180 °C Umluft vorheizen.
2. 2 Backbleche mit Backpapier auslegen.
3. Mehl, Backkakao, Backpulver, Salz und Vanillezucker in einer Schüssel vermischen.
4. Die Schokolade mit der Butter in einen Topf geben und vorsichtig schmelzen. Topf vom Herd nehmen.
5. Den Zucker mit dem Wasser in einem zweiten Topf verrühren und bei niedriger Temperatur erwärmen, bis sich der Zucker aufgelöst hat. Topf vom Herd nehmen (wichtig: nicht karamellisieren lassen).
6. Sirup mit der Schokoladen-Butter-Mischung vermengen, dann zu den trockenen Zutaten geben und alles so lange mit einem Kochlöffel verrühren, bis eine homogene Masse entsteht.
7. Den Teig 2 Minuten abkühlen lassen. Er ist dann ein wenig bröselig.
8. Aus dem Teig 16 Kugeln formen, diese mit Abstand zueinander auf die Backbleche setzen und platt drücken. Die Schokodrops in die Kekse drücken.
9. Bleche in den Ofen schieben und Cookies 7–8 Minuten backen. Herausnehmen und vollständig auskühlen lassen.

Cookies mit weißer Schokolade und Macadamianüssen

ZUBEREITUNGSZEIT: 45 MINUTEN

Ergibt 10–12 Cookies

ZUTATEN:
60 g weiße Schokolade
60 g Macadamianüsse
180 g Mehl
110 g Zucker
½ TL Backpulver
1 Prise Salz
1 Pck. Vanillezucker
120 g vegane Butter

AUSSERDEM
2 Backbleche
Backpapier

1. Backofen auf 180 °C Ober-/Unterhitze vorheizen.
2. Die Backbleche mit Backpapier auslegen.
3. Die weiße Schokolade und die Macadamianüsse hacken und zur Seite stellen.
4. Mehl, Zucker, Backpulver, Salz, Vanillezucker und die vegane Butter in einer Schüssel mit den Händen verkneten.
5. Schokolade und Nüsse kurz unter die Masse kneten.
6. Aus dem Teig 10–12 Kugeln formen, mit Abstand zueinander auf die Backbleche setzen und platt drücken.
7. Cookies 10–12 Minuten im Ofen backen. Herausnehmen und abkühlen lassen.

Waffeln

ZUBEREITUNGSZEIT: 45 MINUTEN

Ergibt 3–4 Waffeln

ZUTATEN:
60 g vegane Butter
120 g Mehl
65 g Zucker
1 Prise Salz
1 Pck. Vanillezucker
1 TL Backpulver
1 EL Speisestärke
180 ml Pflanzendrink

AUSSERDEM
1 beschichtetes Waffeleisen

1. Die vegane Butter in einen Topf geben und vorsichtig schmelzen.
2. Mehl, Zucker, Salz, Vanillezucker, Backpulver und Speisestärke in einer Schüssel mit einem Schneebesen vermischen.
3. Die Butter und den Pflanzendrink zu den trockenen Zutaten geben. Alles kurz verrühren.
4. Das Waffeleisen aufheizen, gegebenenfalls einfetten.
5. Eine kleine Kelle Teig in das Waffeleisen geben und in etwa 3 Minuten zu einer goldbraunen Waffel ausbacken (Zeit kann je nach Waffeleisen variieren). Vorgang wiederholen, bis der Teig aufgebraucht ist.

Tipp:
Solltest du kein gut beschichtetes Waffeleisen besitzen, gebe noch etwas Eierersatz zum Teig. Die Waffeln kannst du mit Puderzucker oder heißen Kirschen servieren.

Puddingteilchen mit Erdbeeren

ZUBEREITUNGSZEIT: 1½ STUNDEN

Ergibt 8 Stück

ZUTATEN:
1 Pck. Vanillepuddingpulver
300 ml Pflanzendrink
40 g Zucker
1 Packung Blätterteig
100 g Puderzucker
3 EL Zitronensaft
300 g Erdbeeren
1 EL gehackte Pistazien

AUSSERDEM
Pflanzendrink zum Bestreichen
1 Backblech
Backpapier

1. Das Puddingpulver in einer Schüssel mit 4 EL Pflanzendrink vermischen. Den restlichen Pflanzendrink mit 20 g Zucker in einem Topf aufkochen. Das angerührte Puddingpulver zugeben und Pudding unter Rühren 1 Minute kochen lassen. In eine Schale umfüllen und den restlichen Zucker daraufstreuen, damit sich keine Haut bildet. Den Pudding bei Zimmertemperatur abkühlen lassen.

2. In der Zwischenzeit den Backofen auf 180 °C Ober-/Unterhitze vorheizen.

3. Das Backblech mit Backpapier auslegen.

4. Den Blätterteig ausrollen und in 8 Quadrate schneiden. Die 4 Ecken der Quadrate zur Mitte einschlagen und festdrücken. In die Mitte der Päckchen Vanillepudding füllen.

5. Die Teilchen auf das Backblech setzen und 10–15 Minuten im Ofen backen, bis die gewünschte Bräune erreicht ist. Herausnehmen und abkühlen lassen.

6. Die Mitte der Teilchen mit einem Löffel jeweils etwas eindrücken, um den Pudding besser einfüllen zu können.

7. Den Puderzucker in eine Schüssel sieben und mit dem Zitronensaft zu einem dickflüssigen Guss vermengen. Den Rand der Teilchen mit dem Guss bestreichen.

8. Die Erdbeeren waschen, entstielen und vierteln.

9. In die Mitte der Blätterteigteilchen den Pudding füllen, die Erdbeeren und die Pistazien darauf verteilen.

Buchteln mit Pflaumen-Zimt-Füllung

ZUBEREITUNGSZEIT: 3 STUNDEN

Ergibt 8 Buchteln

ZUTATEN:

FÜR DEN TEIG

450 g Mehl
60 g Zucker
1 Pck. Vanillezucker
½ Würfel frische Hefe (21 g) oder 1 Pck. Trockenhefe
1 Prise Salz
265 ml Pflanzendrink
60 g vegane Butter

FÜR DIE FÜLLUNG

400 g Pflaumen
50 g Zucker
1 TL Zimt
50 ml Wasser
2 EL Speisestärke

AUSSERDEM

1 eckige Backform
Backpapier
Puderzucker zum Bestreuen
Vanilleeis oder Vanillesoße

1. Für den Teig Mehl, Zucker, Vanillezucker, Hefe und Salz in einer großen Schüssel vermischen.

2. Den Pflanzendrink und die vegane Butter in einem Topf erwärmen, bis die Butter geschmolzen ist. Butter-Pflanzendrink-Mischung zu den trockenen Zutaten geben und alles mit einem Handrührgerät mit Knethaken verrühren, bis der Teig nicht mehr klebt.

3. Teig zugedeckt an einem warmen Ort 1 Stunde gehen lassen.

4. In der Zwischenzeit die Pflaumen waschen, in kleine Stücke schneiden und dabei entkernen.

5. Pflaumen, Zucker, Zimt und 30 ml Wasser in einem Topf circa 5 Minuten köcheln lassen.

6. Die Speisestärke in einer Tasse mit dem restlichen Wasser anmischen, zu den Pflaumen geben und alles 2 Minuten köcheln lassen. Topf vom Herd nehmen und Füllung kurz abkühlen lassen.

7. Backofen auf 180 °C Umluft vorheizen.

8. Die eckige Backform mit Backpapier auslegen.

9. Den Teig noch einmal durchkneten und in 8 Portionen aufteilen. Jedes Teigstück zu einer Kugel formen, platt drücken und 1 TL Füllung in die Mitte geben. Die Füllung mit dem Teig umhüllen und den Teig leicht zusammendrücken. Dabei darauf achten, dass keine Löcher entstehen.

10. Die Buchteln mit der Naht nach unten nebeneinander in die Form setzen. Form in den Ofen schieben und Buchteln 20 Minuten backen.

11. Die Buchteln am besten warm mit Puderzucker bestreuen und mit Vanilleeis oder Vanillesoße servieren.

Tipp:

Anstelle der frischen Pflaumen kannst du die Buchteln auch mit je 1 EL Schokocreme oder Pflaumenmus füllen.

Heidesandkekse

ZUBEREITUNGSZEIT: 1½ STUNDE

Ergibt 20–30 Kekse

ZUTATEN:
250 g Mehl
60 g Puderzucker
1 Prise Salz
1–2 Tropfen Zitronenaroma
175 g vegane Butter
100 g Zucker

AUSSERDEM
1 Backblech
Backpapier

1. Mehl, Puderzucker, Salz, Zitronenaroma und vegane Butter in einer Schüssel mit den Händen verkneten, bis ein homogener Teig entsteht. Den Teig 30 Minuten kalt stellen.

2. Backofen auf 180 °C Umluft vorheizen.

3. Das Backblech mit Backpapier auslegen.

4. Aus dem Teig 2 gleichmäßige Rollen formen. Den Zucker auf der Arbeitsfläche ausstreuen und die Rollen darin wälzen. Rollen dann in Scheiben schneiden und diese auf das Backblech legen.

5. Kekse 10 Minuten im Ofen backen. Herausnehmen und abkühlen lassen.

Tipp:

Wer die Heidesandkekse gerne in der Schokoladenversion machen möchte, kann 30 g Mehl durch Backkakao ersetzen.
Wenn kein Zitronenaroma zur Hand ist, einfach 1 Pck. Vanillezucker zugeben.
Sollte der Zucker nicht gut am Teig haften, die Rollen vorsichtig mit Pflanzendrink einpinseln und dann erst im Zucker wälzen.
Wenn du die Kekse noch mal einzeln durch den Zucker rollst, kannst du sie runder formen und es bleibt mehr Zucker am Rand haften.

DANKSAGUNG

Lieber Walter,
als kleines Kind hast du mir gezeigt, dass die Welt viel mehr für mich bereithält, als ich mir vorstellen konnte. Du hast mir erzählt, dass ich alles erreichen kann, wenn ich an mich glaube. Du hast mir nicht nur beigebracht, wie ich meine Lieblingsgerichte zubereite und wie man Karten spielt, sondern mich auch immer bedingungslos unterstützt und an mich geglaubt. Ich danke dir, dass du mir so viel in meinem Leben ermöglicht hast, und es tut mir leid, dass ich beim Kartenspielen immer geschummelt habe.

Liebe Birgit,
ich danke dir für viele schöne Tage. Du bist ein unglaublich starker und wundervoller Mensch und eine ausgesprochen gute Köchin. Als kleines Kind wollte ich werden wie du. Danke, dass du damals und auch heute immer für mich da bist, wenn ich jemanden brauche. Danke für alles.

Liebe Sophie,
ich möchte mich auf diesem Wege dafür bedanken, dass ich dich rund um die Uhr anschreiben konnte, wenn ich mal wieder nicht wusste, welches Bild ich hochladen sollte. Danke, dass du jedes Rezept gelesen hast. Du hast die Rechtschreibung geprüft und mir geholfen, wenn ich etwas zu umständlich erklärt habe. Du bist und warst immer für mich da, und ich bin so unfassbar dankbar, dich als Freundin zu haben!

Lieber Christian,
ich danke dir dafür, dass ich deinen Backofen nutzen durfte, als ich keinen hatte. Dass ich deinen viel zu kleinen Kühlschrank mit meinen Torten vollstellen durfte und du immer, wenn ich mal wieder etwas vergessen hatte, noch für mich zum Supermarkt gegangen bist. Danke auch, dass du an mich geglaubt hast in einer Zeit, in der ich selbst nicht an mich glauben konnte. Danke, dass du immer hinter mir standest und mich bedingungslos unterstützt hast.

Außerdem möchte ich euch Danke sagen: meiner beste Freundin Anna, meinen Schwestern Vanessa und Lisa, Paul, Katja, Lena, Lisa, Ayleen, Melina, Mareike und Grace.

ÜBER DIE AUTORIN

Ann-Kathrin Lemke begeistert auf ihrem Instagram-Kanal *annibacktvegan* über 50.000 Menschen mit ihren Backrezepten und ihrer Liebe zum Essen. Sie liebt einfache, schnelle und leckere Rezepte und lebt seit 2019 vegan. Sie ist gelernte Konditorin und studiert Oecotrophologie.

ZUTATENREGISTER

Auch als **E-Book** erhältlich

144 Seiten
17,00 € (D) | 17,50 € (A)
ISBN 978-3-7423-2124-4

MailOves

Easy vegan backen

50 einfache Rezepte für Kuchen, Muffins, Kekse, Brownies und mehr

Unkompliziert, süß und natürlich vegan

Vegan backen ist dank pflanzlicher Alternativen wirklich einfach: Milch, Ei, Butter und Co. lassen sich problemlos ersetzen, und mit den richtigen Handgriffen zaubert man schnell unglaublich leckeres Gebäck. Dieses Kochbuch zeigt 50 alltagstaugliche Rezepte, die im Handumdrehen zubereitet sind und jedem schmecken – darunter viele Klassiker: fluffige Pancakes, saftige Muffins, schokoladige Kuchen, knusprige Riegel, himmlische Zimtschnecken und vieles mehr.